歴史文化ライブラリー

515

伊達一族の中世

「独眼龍」以前

伊藤喜良

吉川弘文館

目　次

伊達一族と室町幕府

陸奥国守護から戦国大名へ

1　遙かなる伊達一族

遙かなる伊達一族――プロローグ

故地と系譜

伊達氏といえば、一般的には仙台伊達藩を、さらには戦国末期から近世初期に活躍した独眼龍伊達政宗《まさむね》を思い浮かべることと思う。それはテレビの大河ドラマ等に政宗が多く登場することや、また二百七十年ほど続いた仙台の伊達藩の存在が国民に強烈に意識されていることからである。そして伊達氏は当然ながら仙台と切っても切れない関係を有しており、この地が伊達氏の発祥地との「誤解」も存在していないわけでもない。

だがこの仙台との関係は、伊達氏の歴史の後半を示すにすぎないのである。伊達一族の前半の歴史は、福島盆地を拠点として、その地域を中心に活動していたのである。その期間は三百六十年ほどに及んでいる。それは伊達氏が仙台に居城を構えて活動していた期間より百年近く長いのである。それゆえ、この福島盆地を中心とする活動について通史的に見ようとしてなしたのが本書である。叙述した要点を示せば以下のとおりである。

第一に、伊達氏が拠点としていた福島盆地の地理的、地形的な特質について指摘しておくことから始めている。伊達氏が歴史の確実な史料上に登場してくるのは奥州合戦《おうしゅうかっせん》であり、この盆地の中で激しい攻防が展開されたが、その中でこの福島盆地のもつ意義を考えてみた。一言でいって福島盆地は「守るに易く、攻めるに難い」地形であるといえる。それゆえ伊達氏は三百六十年もの間この地を本拠として、所領支配を維持し、さらに各地に出兵し、領国支配を展開して戦国大名となっていったのである。

第二は、政治過程や権力の特質を、伊達氏の奥羽への下向《げこう》に深く関わっている福島盆地の戦い（石那坂《いしな》・阿津賀志《あつかし》山の戦い）から、奥羽の戦国時代の始まりとされている「天文の乱」までの間（伊達一族が主として福島盆地で活動していた時期）、さらには独眼龍政宗の登場までそれぞれの時代について考えている。

福島盆地の戦いは奥州合戦の中での最初で、最後の決戦であった。奥州合戦の最大の激戦となった福島盆地での戦いは二度にわたって行なわれている。それは「阿津賀志山の戦い」と「石那坂の戦い」である。この合戦の様子を記述した確実な史料としては『吾妻《あづま》鏡《かがみ》』をおいてほかにない。ここに平泉政権が滅亡していく様子が詳細に述べられているが、「石那坂の戦い」は福島盆地の入り口で行なわれた合戦であり、そこに伊達一族の活躍が記述されている。ただ「石那坂の戦い」については小林清治氏の研究以外に知られていない。「阿津賀志山の戦い」については奥州合戦において有名なものなので、多くの研究がなされたり、きちっとした発掘調査もなされたりしている。

奥州合戦の勝利に貢献した伊達氏は、恩賞として伊達郡内の所領を与えられて、常陸《ひたち》国から下向してきた。伊達氏がどこに本拠地を置いたか諸説があるが、通説では桑折《こおり》（伊達郡桑折町）であったといわれている。本書も桑折であろうと見なしている。鎌倉時代はこの桑折を拠点としていたが、伊達氏の惣領は鎌倉御家人として鎌倉に居住していたと見られ、桑折には他の関東御家人と同じように庶子が代官として下向していたと推察されると述べた。ただ鎌倉時代の伊達一族の活動についてはあいまいな点も多く、確定が困難な事項も存在する。

建武政権下で彗星のごとく登場する伊達行朝《ゆきとも》は庶子ではないかと考えた。戦前において「南朝の大忠臣」と見なされた行朝について一つの仮説を提示した。伊達氏は南北朝・室町初期には一時赤館《あかだて》や信夫《しのぶ》郡大仏《だいぶつ》城（福島市）に入ったりして、鎌倉府との抗争があったが、この時代における信夫郡と伊達氏の関係を考えてみた。

室町時代は梁川《やながわ》城（伊達市梁川）を本城となし、西国の守護大名に匹敵するような繁栄

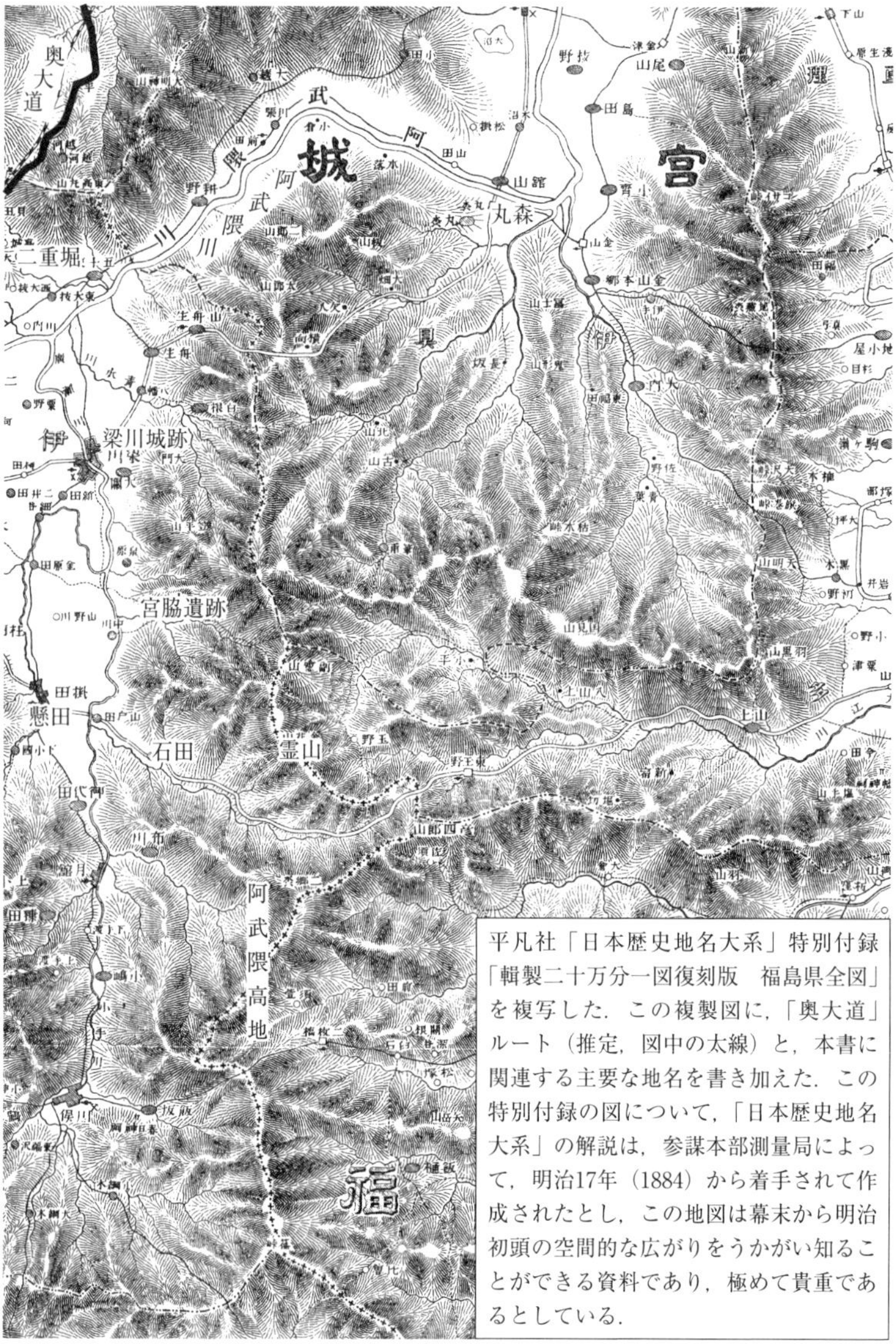

平凡社「日本歴史地名大系」特別付録「輯製二十万分一図復刻版　福島県全図」を複写した．この複製図に，「奥大道」ルート（推定，図中の太線）と，本書に関連する主要な地名を書き加えた．この特別付録の図について，「日本歴史地名大系」の解説は，参謀本部測量局によって，明治17年（1884）から着手されて作成されたとし，この地図は幕末から明治初頭の空間的な広がりをうかがい知ることができる資料であり，極めて貴重であるとしている．

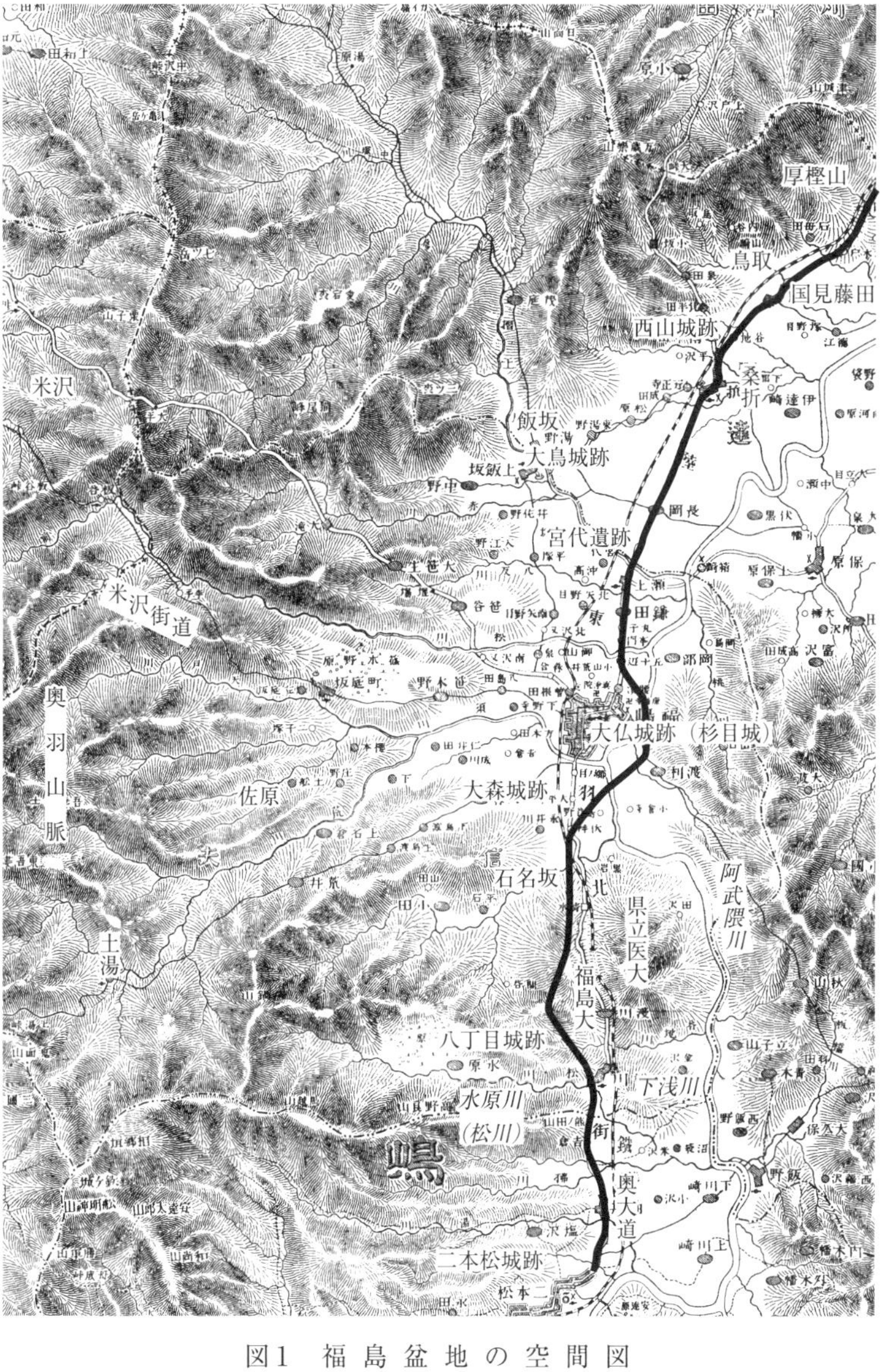
厚樫山
鳥取
国見藤田
西山城跡
桑折
米沢
飯坂
大鳥城跡
宮代遺跡
米沢街道
奥羽山脈
大仏城跡（杉目城）
佐原
大森城跡
石名坂
阿武隈川
県立医大
土湯
福島大
八丁目城跡
下浅川
水原川（松川）
奥大道
二本松城跡

図1　福島盆地の空間図

があったのではないかと推定した。戦国初期には桑折の西山城に移り、父子が争う天文の乱が起こり、その後米沢（山形県米沢市）に拠点を移すのである。このように鎌倉初期から戦国初期にいたるまで適宜伊達一族の動きを見ていくこととしている。福島盆地は伊達郡（北部）と信夫郡（南部）によって構成されているが、伊達氏はこの盆地内に拠点を置き、三百六十年にわたってここで所領支配を展開し、盆地外へ外征して、戦国大名に成長していったことを政治史的な観点を中心に概略的に述べている。

第三点として、伊達氏歴代の実名《じつみょう》やそれぞれの活動、惣領と庶子等の関係について検討してみた。江戸時代前期に伊達藩で編纂した『伊達正統世次考《だてせいとうせじこう》』（以後『世次考』とする）は、中世の伊達氏を研究するうえで貴重な資料である。鎌倉時代や南北朝時代の記述に対しては、史料批判をしなければならないところもある。この『世次考』を参考にしながら、伊達氏歴代の業績、系譜等を『世次考』から批判的に読み取り、できるだけ確実な史料を引用し、福島県内で進んでいる伊達氏に関わる遺跡の調査報告書にも導かれながら考えた。

第四点として、福島県内では非常に多くの発掘調査が行なわれ、その報告書が多数出されている。伊達氏に関わるような報告書も多い。ここではすでに述べたように、そのような調査報告書を大いに活用しながら論じている。

第五点として、伊達氏には九十点以上の系図が知られている。その中でも特に注目される系図が四点存在している。多くの研究者がそれを検討しているが、その成果を参照した。そして、その系図の鎌倉時代の部分については疑問符を付けた。なぜかといえば、この系図は伊達氏の戦国から近世初期の自己認識と関わっていると思われ、その自己認識が伊達氏一族の歴史をみるうえで問題であり、その歴史を少し歪めているかもしれないと思ったからである。そして室町期において中央政界との交流の中で、伊達氏が自らの権威の必要性にかられ、自己認識を確立していったものと思われ、それがのちに伊達氏の系図に反映していったであろうことを指摘している。

伊達一族の軌跡

十五世紀中ごろ、伊達稙宗《たねむね》と晴宗《はるむね》との間で争われた父子相克の天文の乱が終息して以後、晴宗は本拠地を米沢に移したのであるが、米沢時代はほぼ四十年である。その後、伊達氏は岩出山《いわでやま》（宮城県）、さらに仙台へ移る。だが、晴宗が子の輝宗と対立して隠居したのち、彼は福島盆地内の杉目城《すぎのめじょう》（大仏城）に居住したことが知られている。伊達氏が福島盆地を本拠地としていた期間は、近世に伊達仙台藩が存続した期間よりはるかに長いのである。現在の福島県民の中でも、伊達氏と福島盆地との関係の歴史をあまり知らない人も多いし、そもそも伊達氏は宮城県から出て来たと思っている人もいないわけではないことはすでに述べた。

それゆえ、福島盆地と伊達氏の関係を強く意識しながら伊達一族の行動、発展等を考えていこうと思う。伊達氏の南奥羽福島盆地への登場、あまりよく知られていない鎌倉時代の伊達氏の系譜等の検討、鎌倉末から南北朝動乱期の伊達氏の行動、室町期の鎌倉府との抗争、領国化の動き、中央政権との関係、「陸奥国《むつのくに》守護」から戦国大名へいたる飛躍と矛盾等が論述の中心となっている。

なお、引用した史料の多くは現代語訳、あるいはその要約であり、また書き下し文もある。原史料の漢文はなるべく引用を控えたが、引用の都合上、一部原史料の箇所もある。引用史料の違いをお許し願いたい。

伊達一族の本拠地

奥州合戦

戦国期ころまで「イダテ」ともいわれていた伊達氏が南奥羽《おうう》に勢力を築いていったのは奥州合戦《おうしゅうかっせん》があったからである。奥州合戦は文治五年（一一八九）夏から秋にかけて行なわれた鎌倉殿源頼朝の最後の戦いであった。鎌倉殿はライバルである有力武将を次々に打倒して全国制覇を成し遂げたのであるが、その最後に頼朝を背後から脅かす平泉政権を「福島盆地の戦い」で打ち破り、破竹の勢いで平泉に攻め込み、平泉政権を壊滅させた。それが奥州合戦である。

福島盆地の戦い

この合戦のハイライトは阿津賀志《あつかし》山の合戦（阿津賀志山は『吾妻鏡』に見られる歴史用語として使用する。なお、「厚樫山」は現在の地名として使うときに用いる）で、その古戦場の史跡として伊達郡の二重堀はあまりにも有名である。この阿津賀志山の合戦は福島盆地の北の境界域での合戦であるが、盆地の南でも戦いが演じられていた。これはこの地の地名から石那坂《いしな》の戦い（石那坂も歴史用語として使用する。現在の地名として使用するときは「石名坂」を用いる）と呼ばれている。鎌倉から攻め寄せてきた頼朝本隊の幕府軍は、石名坂で平泉軍を破り、福島盆地を北上して北の出口である厚樫山付近の戦いで平泉軍の主力部隊を撃破したのである。「福島盆地の戦い」としたのは、阿津賀志山の戦いと石那坂の戦いを合わせてこのように称したのであり、奥州合戦の実質は「福島盆地の戦い」であったと思うからである。

頼朝は鎌倉幕府を創立した後、不和になった弟義経が逃げ込んだ「奥州幕府」ともいうべき強大な藤原秀衡《ふじわらのひでひら》の勢力（奥羽全域、蝦夷地《えぞち》間までをも領域とする権力）を不気味な存在、危険な政権として敵視していた。当主の秀衡が死亡し、後継者泰衡《やすひら》が義経を殺害するという機会をとらえて、平泉に大軍を発した。文治五年七月十九日のことであった。『吾妻鏡《あづまかがみ》』によればその軍勢は二十八万四千騎とされるような全国の武士を動員した大軍であった。

七月二十九日に白河関《しらかわのせき》を越えて奥羽になだれ込み、破竹の勢いで福島盆地に迫った。この盆地の入り口を守備していたのは平泉方の有力武将である信夫庄司《しのぶのしょうじ》佐藤氏一族であり、盆地の出口の厚樫山あたりを防衛していたのは泰衡の庶兄国衡《くにひら》らであった。この「福島盆地の戦い」について『吾妻鏡』は詳細に記述している。それゆえ「福島盆地の戦い」と伊達一族の登場を見るうえでは、唯一つの史料である『吾妻鏡』をきちっと検討しておかなければならない。

『吾妻鏡』の記述

大軍を率いた頼朝は七月十九日に鎌倉を発ったのであるが、「秋風に草木の露を払はせて君が越ゆれば関守も無し」（『吾妻鏡』）と、七月二十九日、白河関を越えて、奥羽に進軍してきた。南奥羽に入った頼朝は阿武隈《あぶくま》川に添うような形で奥大道《おくだいどう》を北上し、平泉軍と遭遇したのは信夫郡から伊達郡にまたがる福島盆地の南の境であった。この地で鎌倉幕府軍と平泉軍の間で激戦が展開されたのは、八月初旬のことであったが、鎌倉軍と平泉軍の激闘について『吾妻鏡』の記述を通して、本書に関わる点の概要を記せば次のようである。ただし、その内容には多少錯誤も存在しているが、この点は後に述べることとする。

七日に頼朝は陸奥国伊達郡阿津賀志山（厚樫山）あたりの国見駅《くにみのうまや》に到着した。平泉軍の泰衡はそのことを聞き、阿津賀志山において城壁を築き、国見駅とかの山との中間に、にわかに口五丈（約一五メートル）の堀を構え、そこに逢隈川（阿武隈川）の流れをせき止めて引き入れ、柵とする要害を構築していた。そこの大将軍は泰衡の異母兄である西木戸《にしきど》太郎国衡で、およそ山内の三十里四方に二万の軍兵が充満していた。しかし、頼朝は情報を得ていたので、明暁の戦いのためにその夜、畠山重忠《はたけやましげただ》に命じて、用意した鋤《すき》・鍬《くわ》を用いてその堀を埋め戻してしまい、人馬の煩いがないようにしてしまった。

八日、早朝の卯刻（五～七時）に両軍の間に箭合《やあわせ》（開戦を告げる「矢合わせ」）が始まり、いよいよ戦いに突入した。巳刻（九～十一時）にいたり、最前線の平泉軍が敗北した。そこで大将国衡は退勢を立て直すために計略をめぐらせたのである。一方、泰衡の郎従《ろうじゅう》である信夫佐藤庄司（「湯の庄司」とも号しており、継信《つぐのぶ》・忠信《ただのぶ》らの父）は、叔父の河辺高綱《かわのべたかつな》・伊賀良目高重《いがらめたかしげ》らをともない、石那坂（石名坂）の上に陣を構え、堀を設け、逢隈川の水をその中に入れ、柵を造り、石弓を張って頼朝軍を待ち構えていた。このとき、頼朝軍で、のちに伊達氏の初代となる常陸入道念西《ひたちにゅうどうねんさい》の子息常陸冠者為宗《かじゃためむね》・同次郎為重《ためしげ》・同三郎資綱《すけつな》・同四郎為家《ためいえ》らがひそかに甲冑を秣《まぐさ》の中にしのばせて伊達郡沢原のあたりに進み、先陣をきって戦いを仕掛けた。佐藤庄司らは死を覚悟して戦ったことにより、為重・資綱・為家らは疵《きず》を負ったが、為宗の奮闘により、佐藤庄司以下の主要な武者十八人を討ち取り、首を阿津賀志山の経《きょう》が岡《おか》に晒した。

九日、この日は終日にわたり鎌倉軍と平泉軍の戦闘が続いたが、『吾妻鏡』は幕府方武将の奮闘のエピソードを交えながらその状況を語っている。

十日、頼朝は早朝卯刻に阿津賀志山を越えた。幕府軍はこの山の北方の大木戸に攻め寄せ、大軍で鉾《ほこ》を繰り出し、箭を射かけ、畠山重忠以下の名ある武将が身命をすてて戦ったが、大将国衡軍を簡単に破ることができなかった。ところが前夜、小山朝光《おやまともみつ》・宇都宮朝綱《うつのみやともつな》の郎従七人が、安藤次《あんどうじ》なる者を山の案内人にして密かに営中を出て、伊達郡藤田宿より、会津方面に向かった。土湯岳《つちゆ》・鳥取越《とっとりごえ》を越えて、このとき彼らは大木戸の上、国衡の後陣によじ登り、ときの声を発して箭を放ったことにより、国衡の本陣は大騒ぎとなり、搦手《からめて》から敵が来襲したとの声が上がり、塞《とりで》も用をなさず、防戦の手立ても失い、国衡らはたちまち退却した。その後国衡らの郎従は奮戦したが、総大将泰衡は阿津賀志山の陣が破られたとの報告を受けると度を失って逃亡し、国衡も逐電した。

以上が『吾妻鏡』の主たる内容である。この記述について現在の福島盆地に居住している者から見ると何点かの誤認・錯誤が存在していることを指摘できる。その明らかな錯誤等の訂正と、その後の伊達氏の活動を考証するために、福島盆地の地理的景観を検討し、そのうえで考えられるであろう事実を推定しておこうと思う。

福島盆地の景観

この時代、福島盆地（図1を参照されたい）の真ん中を突っ切る大きなものが二本存在していた。一つは「人の流れ」の奥大道であり、他は水の流れである阿武隈川である。奥大道は基本的には古代の東山道《とうさんどう》の系譜を引くものであった。東山道は『延喜式《えんぎしき》』によれば、白河関から岩瀬駅（須賀川市）を経て葦屋駅（郡山市)、安達駅・湯日《ゆい》駅(いずれも二本松市)にいたり、岑越《みねこし》駅(福島市)、伊達駅(桑折《こおり》町)、篤借《あつかし》駅を通って宮城県にいたった。奥大道もこのルートを通っていたのであろう。奥大道の一部と見られる「荒井猫田遺跡」も郡山市南部に残されており、また奥大道が二本松市から福島市に入るルートも一定程度解明されている。

二本松の安達方面から北上してきた奥大道は福島市松川近辺にいたれば峡隘《きょうあい》な地になっていく。そこは現在の福島市松川町であるが、その地は西から安達太良《あだたら》山や土湯峠、東吾妻山等の二〇〇〇㍍弱の山々が属する奥羽山脈が広がり、東側は阿武隈川の深い峡谷(現在は阿武隈峡といわれている)となっており、さらに川の東は阿武隈山地が続いていた。また土湯峠付近から複数の小河川が流れ出して阿武隈川に注いでいる。そしてこの阿武隈峡谷が伊達郡と信夫郡・安達郡等を区分する境界であった。戦国時代のことであるが、この峡隘の地が伊達領と二本松の畠山領との境目であったので、伊達氏はこの最前線に存在する松川の八丁目城という要害に伊達実元《さねもと》らの重臣を配備したのである。なお、余談であるが、戦後の最大の疑獄事件の一つである「松川事件」が起こったのはこの近くであった。

盆地の中の奥大道

松川の八丁目城跡から直線距離で三㌔ほど北方に福島大学とJR金谷川《やがわ》駅が存在し、福島大学から一㌔ほど北東に福島県立医大がある。

現在においても南から福島盆地に入るために駅や大学の近辺の狭い範囲を東北自動車道・

JR東北線・東北新幹線・国道四号線（バイパス）・一一四号線が集中的に通っており、新幹線は二本松駅の近くからトンネルに入り、福島大学が存在する丘陵から福島盆地に下った石名坂で出ている。このようにこの地は現在でも盆地に入るための重要な拠点となっている。ましてや鎌倉期においては現在と比較できないほどの軍事上の重要地域で、福島盆地に進軍するためにはこの地を通過する必要があったと考えられる。奥羽山脈・阿武隈高地・阿武隈川の峡谷に囲まれた戦略上の要地であり、これほど平泉軍が防衛するのに適した地はなかったといえる。

では奥大道はどこを通っていたのであろうか。これもほぼ明らかとなっている。近世の街道である奥州道中《おうしゅうどうちゅう》は天正十八年（一五九〇）以降に整備されたといわれるが、その宿《しゅく》は、二本松・油井《ゆい》町・二本柳と二本松市内を北上して、福島大学と県立医大の間にある若宮宿が福島市内の最初の宿であり、清水町・福島・瀬上《せのうえ》・桑折・藤田・貝田《かいだ》と道中の宿は続き、宮城県にいたっている。このルートは現在の陸羽街道（国道四号）とほぼ同じである。だが中世の奥大道とは少し異なっている。瀬上以北はあまり違っていないが、油井町から北上して、瀬上宿あたりにいたるまでは同じルートではなかった。小林清治氏によれば、八丁目城趾あたりから東北自動車道の福島トンネルあたりにいたり（松川町関谷）、JR金谷川駅近辺を通り、福島大学の北の脇から雑木林の中を通り石名坂にいたっ

図2　石名坂付近の奥大道（福島市史編纂室提供）　中世における陸奥の街道．福島大学の図書館付近から新幹線のトンネル（北口）付近にいたっている．

ているという（小林「石那坂合戦の時と所」『すぎのめ』24）。この雑木林の中には古道があり、現在は人が通らず、藪や雑草に覆われているが、その下った先は新幹線の出口と同じところである。その後この道は南福島から北上し、郷野目《ごうのめ》あたりで阿武隈川をわたって渡《わた》利《り》地域に、さらに阿武隈川を越えて腰浜《こしのはま》（現在このあたりに競馬場が存在している）から瀬上に奥大道は続いていた。以上が福島盆地南の境界の概要である。

　奥大道が宮城県に抜ける、盆地の北の境界である厚樫山近辺はどのような地形であったのであろうか。この地も峡隘な地形である。ここも国道四号・

図３　国見峠長坂付近（厚樫山の近く）の奥大道（福島市史編纂室提供）

JR東北線・高速道路が貫いており、現在でも交通の要衝である。厚樫山は標高二八九㍍で、ここから阿武隈川へ緩やかに標高を下げていっている。この山の裏は宮城県との県境であり、小坂峠・山崎峠・石母田《いしもだ》峠・半田山等、五〇〇～八〇〇㍍ほどの山が連なっている。東側は阿武隈川が北流し渓谷をなし、さらにその東側は、霊山《りょうぜん》にいたる阿武隈山地が存在していた。阿武隈川と宮城にいたる奥大道との間には弁天山等が連なっており、この地も軍事上きわめて重要な拠点であるということができよう。

以上、福島盆地の地理的景観を見てきたが、奥羽山脈と阿武隈高地に囲まれ、軍事上の防波堤となりうる阿武隈川が南北の境界の峡谷を造りながら、盆地の真ん中を多くの支流を集めて流れるという、防御方にはきわめて好都合な場所であった。であるから平泉方はこの盆地の境に防御施設を造り、大軍を配置して鎌倉軍を迎え撃とうとしたといえる。

石那坂・阿津賀志山の合戦

『吾妻鏡』の記述の検討

このような福島盆地の地形を念頭に、『吾妻鏡』の叙述を検討してみよう。「八月七日、二品（頼朝）、陸奥国伊達郡阿津賀志山の辺国見駅に着御」と記されていることより、頼朝は八月七日に伊達郡国見藤田（現国見町）に着陣した。この日付に誤りがなければ、奥大道のルートや狭隘な地形から、盆地の南の境界、石名坂あたりで防衛している佐藤一族を打ち破って福島盆地に入り、北上して進軍してきたことになる。とするならば佐藤一族の防衛線を撃破したのは少なくとも六日以前ということになる。

しかし『吾妻鏡』は八日の叙述で、すでに述べたように、藤原泰衡の郎従信夫佐藤庄司らの一族と伊達一族が石名坂の上で戦い、佐藤一族の主要な武者十八人の首をとったことを記している。この記述は盆地の地形と明らかに齟齬《そご》している。すなわち、福島盆地の地形からして、西側（奥羽山脈あり）や東側（阿武隈川・阿武隈高地あり）から大軍が侵攻することは不可能であるので、幕府軍は南から進軍してきたことになり、幕府軍は最初に南の石名坂で平泉軍と合戦に及んだこととなる。とするならば、石那坂の戦いは六日以前のこととしなければならない。そして佐藤一族の首を阿津賀志山の経が岡にさらしたのは阿津賀志山の合戦に勝利した十日以後のこととしなければならない。

さらにもう一つ見逃せない誤謬《ごびゅう》が存在している。それは十日、激戦を展開している中の記述に、前日の夜に小山朝光・宇都宮朝綱ら七人が「安藤次をもって山の案内者となし、面々に甲を疋馬に負わせ、密々に御旅館を出て、伊達郡藤田宿より会津の方に向かい、土湯の嵩《たけ》・鳥取越を越え、大木戸の上、国衡が後陣の山に攀《よ》ぢ登り、ときの声を発《はな》ち箭を飛ばす」と、国衡の背後から奇襲したことが勝利につながったと記されている。「鳥取越」に関する叙述は問題ないが、ここで疑問となるのは、小林清治氏らも述べているように、藤田宿から会津に向かい土湯岳を越えるのは地理的に無理で、疑問であるということである。

ではこの文をどのように解釈すべきであろうか。この文章は六日以前に行なわれた石那坂の合戦で伊達氏の活躍を描いた文の一部が十日の記述に紛れ込み、竄入《ざんにゅう》したものと考えられる。すなわち、二本松方面から進軍してきた鎌倉幕府軍は、石名坂の上（現在の福島大学あたり）で、佐藤一族を中心とする平泉軍の強烈な抵抗にあい、戦況を打開するために奇襲戦法を試みたのである。奇襲の中心となったのは伊達一族であるが、伊達一族は松川の近辺を流れて阿武隈川に注いでいる水原《みずはら》川（かつては松川と呼ばれていた）をさかのぼり、土湯あたり（土湯の崇）にいたり、さらに水脈が異なる荒川を下り佐原（現在は総合運動公園があり、オリンピックで使用される予定の野球場がある）あたりにいたった。荒川は現在の県庁（中世後期には大仏《だいぶつ》城と呼ばれた）の南の脇で阿武隈川に合流している。『吾妻鏡』では、伊達一族は「伊達郡沢原の辺に進み」とあるが、これも疑問で、水原川（松川）が阿武隈川と合流する近辺から石名坂あたりまでは阿武隈川の深い峡谷があって、この峡谷が伊達郡と信夫郡を分けており、伊達郡から石名坂上を攻めるのは難しいといえる。また伊達郡には「沢原」を推定できるような地名は存在していない。伊達一族はこの佐原から、一つ丘を越えた一〇㌔ほど東の石名坂上に奇襲をかけたものと思われる。この石名坂上の奇襲叙述の一部、すなわち土湯にかかわる記述が、阿津賀志山合戦の奇襲の記述に紛れ込んだと見なすことができる。

十三世紀後半に編纂された『吾妻鏡』に多少の誤りがあるのは致し方ない。これらの点を前述のように修正して合戦の実相を見れば以下のようである。

佐藤庄司一族と伊達一族

七月二十九日に無抵抗で白河関を越えて奥羽に入ってきた幕府軍は、福島盆地の南の境界で激しい抵抗にあった。佐藤庄司一族を中心とする平泉軍は、石那坂の上に陣を敷き、その周りに堀を掘り、阿武隈川の水を引き入れて、柵をこしらえ、石弓を引いて敵を待っていたという。石那坂はどこかといえば、現在は二本松方面からきた東北新幹線が福島盆地に出る出口あたりであり、現在も石名坂と呼ばれている。

しかし、戦いがあったのは、このトンネル（現在の石名坂）の上部の小高い丘にある福島大学あたりであろうと、小林清治氏は推測されている（前掲論文）。石名坂は福島大学が存在する丘から下ったところにある地名である。合戦の常道からいっても、低地より丘の上のような高地で防衛したり、戦ったりしたほうが有利であることは言うまでもないことである。小林氏の見解は的を射ているものと考えられる。現在も福島大学図書館前あたりから石名坂に下る雑木林の中に、奥大道と見なされる藪に覆われた古道が存在していることは前述した。また大学のある丘の麓には小河川が阿武隈川方面に向かって流れている。この小川は現在は下浅川と呼ばれているが、かつては谷地《やち》川と呼ばれていた。『吾妻鏡』

に従えば、この河川を塞き止め、堀を掘って水を引き入れ、柵をめぐらしたり、石弓を張ったりして防備したのであろう。二重堀を構築したかもしれないが、現在は耕地が整備されてかつての状況をうかがい知ることはできない。石名坂の状況は厚樫山の平泉軍の防御の体制（二重堀の防御）にきわめて近かったと推定される。ただ伊達一族が奮闘したであろうこの激戦の地は、残念ながら現在福島大学等の敷地となっており、遺跡としては破壊されている。

平泉軍の堅固な防衛体制を見た幕府軍は、松川あたりから水原川をさかのぼり、土湯にいたり、さらに荒川沿いに下り、荒川中流の佐原（沢原）あたりから石那坂方面に進んで平泉軍に奇襲をかけたといえる。南から攻撃を受けると思って防御していた平泉軍は北西から奇襲攻撃を受けたことにより、防戦一方となり、佐藤一族の奮闘にもかかわらず平泉軍は敗北するのである。

石那坂合戦で勝利した幕府軍は七日に盆地の中を一気呵成に突き進み、北の境である厚樫山近くの伊達郡国見にいたり、頼朝はそこに陣を構えた。これ以前に泰衡は厚樫山に城壁を築き、二重堀を造って防御体制を築いていたが、頼朝は畠山重忠に命じて疋夫《ひつぷ》八十人でこの堀を埋め戻してしまったのである。

八・九日は、早朝から二日間にわたって幕府軍と平泉軍の間で戦闘が続いた。『吾妻鏡』の八日条は、石那坂の合戦の叙述を除けば、記載量はきわめて少ない。平泉軍の最前線にいた数千騎を率いる金剛別当秀綱《こんごうべっとうひでつな》と、畠山重忠や小山朝光・加藤景廉《かとうかげかど》・工藤行光《くどうゆきみつ》らの幕府軍の間に箭合から戦闘が始まったが、この合戦は平泉側が敗北し、秀綱が国衙の元にいたり敗北を告げたと記している。だが、この記述から推して、平泉側が決定的な敗北をしたわけではなく、幕府軍が優勢であった程度であろう。九日は幕府軍内の三浦義村《みうらよしむら》ら七人の先陣争いの挿話を述べたのち、平泉軍との戦闘の状況を詳細に書いている。しかし幕府側が勝利したことを示すような記載はない。幕府軍の猛攻撃にたいして、平泉軍はこの日も持ちこたえていたのであろう。だが、この夜から十日の朝にかけて幕府側は勝利を決定づけるような行動を起こした。このことはすでに述べたように、小山朝光や宇都宮朝綱の郎従七人が現地の安藤次なる者を案内者として密かに藤田宿から鳥取越（伊達郡国見町鳥取）を越え、厚樫山の裏側を通り、小坂峠か山崎峠を経て国衙本陣の背後の山に進んだのであった。

十日、幕府軍の勝利が確定した。記事によると頼朝は早朝の卯刻に厚樫山を越え、幕府の大軍は国衙が守護する木戸口に迫ったが、国衙はたやすく敗北しなかった。だが、このときに昨夜から隠密行動をしていた小山らの郎従が平泉国衙軍の背後からときの声を発して奇襲攻撃を仕掛けた。そのため国衙軍は搦手から襲われたといって大混乱に陥り、態勢を立て直すいとまもなく、たちまち逃亡するところとなった。総大将の泰衡は阿津賀志山の戦いで自軍が敗れたと聞き、周章狼狽《しゅうしょうろうばい》して逃げ去り、その後を頼朝は追撃したと『吾妻鏡』に記されている。

平泉軍はよく戦ったか

頼朝が宇都宮を出発したのは七月二十六日のことであり、白河関を越え奥州に入ったのは二十九日のことであった。そして彼が厚樫山近辺の国見藤田に到着したのが八月七日であり、阿津賀志山の合戦に勝利して宮城県方面に抜けたのが十日のことであった。宇都宮から白河関を越えるまで三日ほどであったことを考えると、平泉軍がかなり防戦したことがこの日程から知られよう。

白河関を越えて石名坂にいたるには、幕府軍は二本松までの間に多少の抵抗を受けながら進軍したとしても、普通に考えれば三、四日もあれば十分である。福島盆地の南境である石名坂に幕府軍が到来したのは、八月三日か四日であろう。そこで平泉軍の猛烈な抵抗にあい、伊達一族を中心とする奇襲戦法で六日にようやくこれを破ったのではないかと推測することができる。

福島盆地の中で八月初旬の足掛け十日間にわたって戦われた「奥州合戦」を見てきたのであるが、率直にいって平泉軍は地形を利用してよく戦ったのではないかと思われる。巷間いわれているように、阿津賀志山合戦で簡単にもろく敗北したというようなものではなかった。よく防いでいる平泉側にたいして、幕府側は奇襲戦法をもってようやく打ち勝つことができたといえよう。

奇襲戦法が得意な人物は源義経であった。幕府側は義経の戦法をよく学んでいたといえよう。「もし」という語は歴史学上では禁句であるが、あえて「もし義経が生きていて、平泉軍の指揮官であったならば、どうなっていたであろうか」と考えざるをえない。あるいは奇襲で藤田宿に「着御」した頼朝を襲ったかもしれない。それにしても平泉側の総大将の出来が悪すぎた。泰衡が国分原《こくぶがはら》鞭楯《むちだて》（仙台市榴《つつじ》ヶ岡《おか》付近）から命ほしさにすぐに逃亡せずに、幕府軍と最後の決戦をしたならば、敗北したとしても、後の世の彼にたいする評価は異なったものになったであろうに。

陸奥国伊達郡への下向

伊達氏の初代をめぐって

常陸入道念西の実名

平泉軍の最初の防衛ラインである石那《いしな》坂の戦いで、奇襲戦法を駆使して大きな役割を演じたのが、常陸入道念西《ひたちにゅうどうねんさい》と常陸冠者《かじゃ》と称されていた長男の為宗《ためむね》以下四人の子供たちであったことはすでに述べたところである。そして、この合戦の恩賞として陸奥《むつ》国伊達郡に所領を拝領したのであった。ここから陸奥国の伊達氏は出発するのである。

伊達郡に下向《げこう》してきた、この伊達氏の初代である常陸入道念西はどのような人物であったのであろうか。この人物の「念西」という呼び方は法名であるが、実名《じつみょう》（本名）は朝《とも》宗《むね》とするのが通説である。だが、『吾妻鏡《あづまかがみ》』は奥州合戦《おうしゅうかっせん》以前にこの人物を「時長《ときなが》」と呼んでいる（この点はのちに検討する）。『吾妻鏡』の記述によって常陸入道念西を伊達氏の初代とし、実名は時長にしてしまっていいかというと、話はそれほど簡単ではないのである。

江戸時代前期に伊達藩で編纂した『伊達正統世次考《だてせいとうせじこう》』（以下『世次考』とする）なる書物が存在している。これによれば、念西は朝宗とされており、時長は「初めの名」とされている。また、下向してきた次男である為重《ためしげ》も、伊達家二代目の宗村《むねむら》であるといい、為重は「初めの名」で、のちに宗村に改名したのであるとされている。ここに「初名」という問題が出現する。この当否を考えなければならない。

『世次考』の編纂者は、念西は誰で、初代・二代は誰か大いに迷ったようである。「朝宗公・宗村公・義広《よしひろ》公三代の間、紛乱にして決し難きもの有り」と、その迷いを率直に述べているが、出した結論は、念西の「初名」を「時長」とし、改名して朝宗となし、同様に為重を宗村としたのであった。この結論にいたる論法にはかなり強引な処理が見られ、また当時の史料に朝宗も宗村も存在しておらず、改名の根拠も明確に示されていないということを現在から見れば指摘できよう。『世次考』が念西は朝宗であるとした根拠は、十六世紀ころに作成された伊達家の系図のみであったが、しかし、現在でも伊達家の初代は朝宗であり、二代目は宗村であるという説は不動のものとして存在している。

本書は、朝宗を伊達家の初代と考えていいのかという素朴な疑問から出発しているのである。この問題を検討しようとすれば、戦国末から近世初期ころに成立したとされている伊達家の系図や家譜等を取り扱わなければならず、これにはきわめて複雑でややこしい問題が存在しており、「系図論議」は論述も難解にならざるをえず、またあいまいな点が残るが、ご寛容を願いたい。

『吾妻鏡』の中の常陸入道念西

『吾妻鏡』の中の念西について確認しておこう。常陸入道念西が伊達と称されているのは建久二年（一一九一）正月二十三日の条文である。そこには「女房大進局《だいしんのつぼね》恩沢に浴す、これ伊達常陸入道念西が息女、幕下（頼朝）の御寵なり、若公を生みたてまつるの後、こと露顕す、御台所殊に怨じ思ひたまふの間、在京せしむべきの由、内々仰せ含めらる、よつて近国の便宜に就きて、伊勢《いせ》国を充てらるるかと云々」とあり、伊達常陸入道念西の息女が頼朝の妾《しょう》となり、若公（貞暁《じょうぎょう》）を生んでいたのであるが、妻政子に知られるところとなり、伊勢国に所領を得て、下向したと記されている。

この若公の出産については、五年前（奥州合戦以前）の文治二年（一一八六）二月二十六日条に「二品（頼朝）の若公誕生す。御母常陸介《ひたちのすけ》藤時長が女なり」とあり、さらに建久三年四月十一日条に「若公、七歳、御母は常陸入道の姉」とあり、「姉」は「女」の誤記であろうと見なされている。

さてこのような『吾妻鏡』の記載からどのようなことがいえるかというと、頼朝の妾である大進局が若公を生んだとき「常陸介藤（藤原）時長の女（娘）」とされていたのが、五年後には「伊達常陸入道念西息女」と念西の娘となっており、常陸介時長が常陸入道念西となり、念西という法名を使用していることが知られ、このことより常陸介藤原時長が出家して伊達常陸入道念西となったとすることができる。そして奥州合戦後の建久二年には、伊達と名乗っているのである。

奥州に進軍しようとする頼朝の軍勢の中に、常陸次郎為重と同三郎資綱《すけつな》の名前が見られることから、常陸介時長一族は奥州合戦の始まる前までに鎌倉幕府の御家人となっていたことは明確であり、奥州合戦の終了後に、勲功の恩賞として伊達郡を与えられて「常陸」から「伊達」を名乗るようになったと推測される。

念西の実名をめぐって

『吾妻鏡』によれば、伊達氏の祖は常陸入道念西で、実名（「諱《いみな》」）は時長であることが明らかである。だが、話は簡単ではないことはすでにふれた。十六世紀から十八世紀初頭に成立した伊達家の系譜には念西は朝宗（宗村とされている系図もある）とされたことはすでに見たとおりである。伊達氏の二代とされる「為重」も宗村であるとされている。その理由は、奥州合戦より三百年以上も後に作成された系図の一定部分を伊達藩が編纂した『世次考』は「真実」と見なしたからである。

図4　『伊達正統世次考』によって作成された正統な系譜

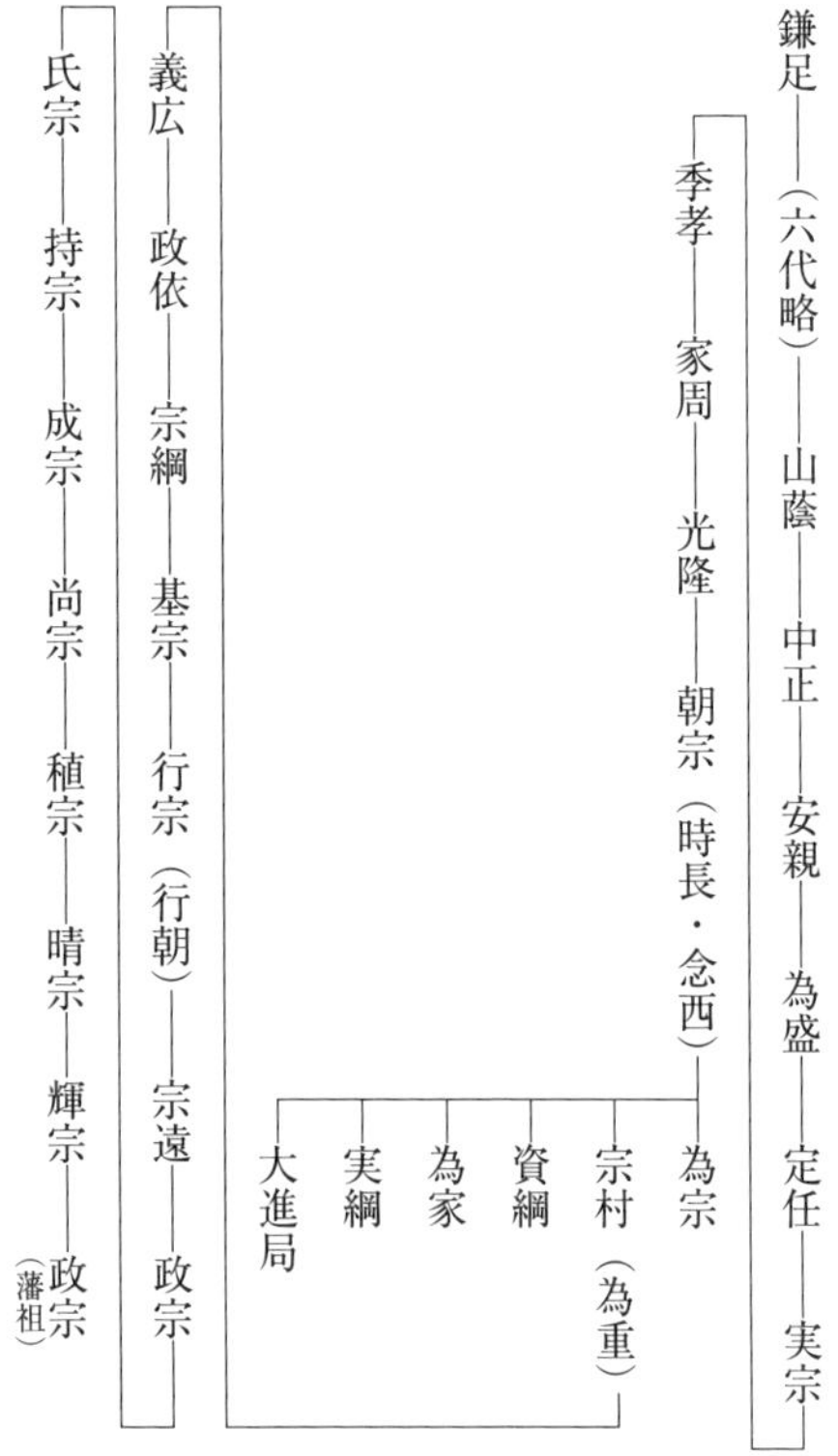

これらの問題点については、すでに小林清治氏や羽下徳彦氏による詳細な研究が存在しており、かなり深く論じられている（巻末の参考文献を参照されたい）。特に羽下氏の研究は緻密であり、ここでは氏の研究に導かれながらこの実名問題を追うこととする。

伊達家に関わる系図は九〇点ほどあるといわれている（『仙台市史』通史編2）。伊達氏は元禄十六年（一七〇三）に成立した『世次考』で家譜を確定したと述べたが（『世次考』の作成した系図〈図4〉を参照されたい）、『世次考』は伊達騒動（いわゆる寛文事件）の後、藩主となった綱村《つなむら》が家の由緒（正統性）を明確にするために編纂したものであり、当時の家譜編纂等のための「歴史分析」は最高水準をいくものであった。この『世次考』の編纂やその経緯についての考証は羽下徳彦氏が「奥州伊達氏の系譜」（『仙台市史』通史編2）で詳しく検証されている。

現在の研究から見ると、この家譜が伊達氏の系譜を必ずしも正確に記しているとはいえない。それは、藩主家が家臣の一族、一門等を凌駕する権威と「正統性」を持つものであるという意図が編纂事業にこめられているからである。家臣が伊達氏の祖先の関連地域をめぐり、膨大な資料を収集し、見聞し、古老の話を聞き、そのうえでかなり客観的な分析をしているが、それでも藩主家の「正統性」をいかに証明するかという意図が垣間見られるからである。

伊達家の「古系図」

『世次考』以前に、伊達氏に関して四本の重要な系図が存在していると小林清治氏は指摘されている。その系図類は「古系図」と呼ばれている。それを古い順に列記すると次のとおりである。なお、それぞれの系図は図5に示した。

（A）天文十五年（一五四六）成立と見られる「伊達家代々系図」（「天文系図」と略称されている）である。東京大学史料編纂所架蔵影写本であり、同大学の史料編纂掛が伊佐早謙氏から採訪したもので、「伊佐早本」ともいう。現在の研究では、天文十五年の成立ではなく、弘治元年（一五五五）から天正三年（一五七五）の間に成立したものとされている。なお、「伊佐早本」と呼ぶことに疑問との提起もある。この系図では明らかに「宗村が念西」であるとしている。

（B）永禄三年（一五六〇）に原形が成立したとされる「近江伊達氏系図」（「近江系図」と略称）である。明治三十五年（一九〇二）に子爵久世通章の旧臣六角敦陳から伊達家が譲り受けたものであるという。この系図では初代を朝宗、二代を宗村としているが念西にはふれていない。

（C）天正十三年ころ作成された「当家系図」（「天正系図」と略称）である。輝宗《てるむね》の死去した天正十三年までの系図が伊達家にあり、それに藩祖政宗《まさむね》伝を追加したものではないかといわれている。この系図は初代を朝宗、二代を宗村としているが、念西は宗村であるとしている。

（D）寛永年間（一六二四〜四四）に幕府が編纂した『寛永諸家系図伝』に対応した「伊達系図（当家系図）」である。成立は寛永十八年（一六四一）である。この系図も

（C）と同様であり、念西は宗村であるという。

上記の（A）・（B）・（C）・（D）の注釈については、ともに、羽下徳彦「仙台市博物館所蔵の伊達氏古系図四種」（『仙台市博物館研究報告』二一）による。

図5　伊達氏主要系図

（A）天文伊達氏系図（東京大学史料編纂所影写本）

伊達先祖山陰中納言政朝之子孫宗村公、文治五年初而伊達江下着以来、当家代々系図
第一　中村常陸守入道宗村法名念西（簡単な経歴は略）
第二　粟野次郎九郎殿義広法名覚仙（中略）建長三年辛亥九月二十三日逝去
第三　蔵人大輔正依法名願西（中略）正安三年七月九日酉刻逝去云々
第四　小太郎殿　宗綱　蔵人太郎息也
第五　孫太郎殿　基宗法名賢真　宗綱息也
第六　宮内大輔殿朝宗法名円加　基宗息也、貞和四年戊子五月二十九日死去、牧野宿老
第七　弾正少弼宗遠、朝宗息法名常禅、至徳二年乙丑十月二十日六十二死去
第八　大膳大夫政宗宗遠息、法名円孝、此代長井之庄入手、応永十四年乙亥九月十四日死去、治世二十二年
（以下略）

（B）近江伊達氏系図（仙台市博物館所蔵、系譜類17）

大織冠——（六代略）——山蔭（中納言法名寂日）——（六代略）——家忠（伊達冠者）——重親（伊達三郎）——家貞（伊達蔵人）——光隆（従五位下兵部少輔待賢門院非蔵人）——①朝宗（伊達右衛門二郎）——②宗村（伊達兵部少輔）——③宗広（伊達蔵人右衛門二郎）——④政頼（蔵人太郎）——⑤宗綱（伊達兵部少輔小太郎）——⑥基宗（伊達小弾正孫太郎）——⑦行宗（伊達宮内大輔）——⑧宗遠（伊達弾正忠小二郎）——⑨政宗（従四位下大膳大夫二郎）（以下略）

（C）当家系図1（仙台市博物館所蔵、系譜類19—2）　この系図の冒頭と一代・二代の事歴等の部分については本書最後の「エピローグ」に掲載したので、この系図に記されている「歴代」と、官職・法名等の一部だけを掲げることとする。

一代　朝宗（文治五年己酉、山陰中納言政朝之御子朝宗、始伊達郡御下向以来、当家代々年譜）
二代　宗村（中村常陸入道宗村、法名念西、号満勝寺殿〈中略〉建立光明寺）
三代　義広（粟野次郎蔵人大輔義広、法名覚仏、観音堂建立）
四代　政依（蔵人太郎政依、法名願西、号東昌寺殿、始被定五ヶ寺）
五代　宗綱（小太郎殿）
六代　基宗（孫太郎殿）
七代　行朝（宮内大輔行朝、法名円如、是ハ田村之御縁）
八代　宗遠（弾正少弼宗遠、法名定叟、号喜見寺殿）
九代　政宗（大膳大夫政宗、法名儀山円孝、号東光寺殿）
（以下略）

(D)当家系図2(仙台市博物館所蔵、系譜類19―1)この系図は『寛永諸家系図伝』に対応するものである(羽下徳彦「仙台市博物館所蔵の伊達氏古系図四種」)。経歴の一部を省略した。

藤原氏　伊達　以中納言山蔭為元祖陸奥守政宗始賜松平称号
大織冠鎌足――(六代略)――山蔭(中納言)――(七代略)――光隆(待賢門院非蔵人)――①朝宗(高松院非蔵人　文治年中始奥州下向　居伊達郡)――②宗村(中村常陸入道　法名念西　号満勝寺)――③義広(粟野次郎　蔵人大輔　法名覚仏　観音寺建立)――④政依(蔵人太郎　法名願西　号東昌寺　始被定五ヶ寺)――⑤宗綱(小太郎)――⑥基宗(孫太郎)――⑦行宗(宮内大輔　法名円如)――⑧宗遠(弾正少弼　法名定叟　号喜見寺)――⑨政宗(大膳大夫　法名儀山円孝　号東光寺)
(以下略)

(A)には「伊達先祖、山陰《やまかげ》中納言政朝《まさとも》の子孫宗村公、文治五年初て伊達え下着」とし、「宗村念西―義広―正(政)依……」としている。「中村常陸守入道宗村法名念西」=念西(宗村)が初めて伊達郡に下向したとする系図である。(B)は大織冠《たいしょくかん》(藤原鎌足)から始まり、六代後の中納言山陰を経て「光隆《みつたか》―朝宗―宗村―宗広《むねひろ》……」となっており、念西は明記していない。(C)は独眼龍政宗のころに作成されたが、山陰中納言政朝の子朝宗が初めて伊達郡に下向し、宗村が「中村常陸入道宗村、法名念西」と称したとし、「朝宗―宗村念西―義広……」と記す。初めて下向したのは朝宗であるが、念西は二代目の宗村としている。（D）は、大織冠鎌足から始まり六代後の山陰中納言を経て「光隆―朝宗―宗村念西―義広……」と続けており、念西は宗村としている。（B）・（D）の朝宗以前の系譜はともに『尊卑分脈《そんぴぶんみゃく》』によっている。

これらの系図で問題となる相違点を整理すれば、第一点として、念西は誰かということ、第二点は、初代は朝宗なのか宗村なのか、第三点は、初代の父親は「政朝」か「光隆」かということである。

系図の解釈は難しい

伊達氏の系譜を詳細に検討された羽下徳彦氏は、第一点すなわち念西は誰かということについては、『世次考』以前の古系図を検討すると、念西は宗村であるとしているようであると指摘されている。事実（A）・（C）・（D）の系図がそれを示していることは明瞭である。

第二点の初代については、羽下氏が古系図でもっとも注目しているのが（C）の「当家系図」である。この系図には藩祖政宗の述懐（家譜についての考え）が記されていることから、政宗の親輝宗までの「当家代々年譜」であるとされており、政宗（独眼龍政宗。政宗は系譜上二人存在しているが、伊達藩の祖の政宗）の段階まで伊達家が所持していた系図はこれのみであったとされる。そしてこの時点では伊達氏の祖は山陰中納言政朝であり、奥州に下向したのは子朝宗で、二代目は念西である宗村と認識していたといえるのではないかと論じている。第三点については、初代の親は架空の人物「政朝」と、『尊卑分脈』に現れる「光隆」であるが、『世次考』は「光隆」を採用しているという。

『世次考』の編纂者は（C）系図をもちろん十分に知っていたが、『尊卑分脈』や京都南《なん》禅寺慈聖院《ぜんじじしょういん》所蔵の「雲但《うんたん》系図」（この系図については後でふれる）を重視しようと考えた編纂者は、誰が伊達郡に下向し、念西は誰かについて、大いに悩んだことはすでに述べた。その理由は、政宗時代に存在した（C）「当家系図」を一部否定することになるからである。しかし出した結論は「朝宗公東鑑（吾妻鏡）に謂うところ時長法名念西、始めて奥州下向、伊達の大祖たり」と朝宗が初めて奥州に下向したとし、その理由を「雲但系図」により、宗村は為重の改名であり、義広は宗村の子であることを知ったからで、朝宗が始めて奥州に下向して伊達の大祖になったと論じているのである。

鎌倉幕府が編纂した『吾妻鏡』の中に見られる時長に関わる記述と矛盾することについては、『吾妻鏡』に見られる時長は朝宗の「初めの名」であり、この時長という実名を朝宗と変えたのは、文治二年（一一八六）二月以降であるとしている（このことについての証拠は示していない）。さらにこれに関連して、伊達氏の第二代を宗村とし、伊達郡の郡地頭となったとされる次男の為重は、時長と同様に「初めの名」としている。ここに初代朝宗（念西）、二代宗村、三代義広というような『寛政重修諸家譜《かんせいちょうしゅうしょかふ》』に記しているような家譜は定まり、現在まで影響を与えて通説となっているのである。

『尊卑分脈』と伊達系図

鎌倉時代初期において、伊達時長、為重とされていたものがなぜ系図上において朝宗、宗村とされてしまったのであろうか。それは伊達氏の系図が『尊卑分脈』（南北朝時代後期ごろ成立）と関わっているからである。『世次考』によれば、朝宗は「諸家大系図」に見えるとされており、この「大系図」は『尊卑分脈』のことである。ここに大織冠藤原鎌足から続く藤原山陰の流れの中に朝宗がおり、彼を『尊卑分脈』は「高松院《たかまついん》非蔵人《ひくろうど》」（非蔵人は六位の蔵人で、見習い）と注記していることを指している（史料上「山蔭」と「山陰」が存在し、「山蔭」と「山陰」は厳密にいえばその意味を考えて区別して使用しなければならないが、本書は便宜上山陰と表記する）。この点について小林清治氏は「伊達系図は『吾妻鏡』の常陸介藤氏念西を前提としたうえで、これに擬定される可能性を含む人物とその系譜を『尊卑分脈』に求めて、山蔭流の中の末にみえる朝宗を伊達氏の祖とすることにしたのではなかろうか」（『梁川町史』1）と述べており、伊達氏が『尊卑分脈』に系譜を求めた意向について的を射た指摘を行なっている。なお、高松院とは二条天皇の中宮姝子（鳥羽院の皇女）で、平治元年（一一五九）に中宮となり、安元二年（一一七六）に死去している。

朝宗という実名はこの当時の確実な史料には見られないことはすでに述べた。『世次考』は朝宗と宗村について『古今著聞集《ここんちょもんじゅう》』に「遠江守《とおとうみのかみ》朝宗朝臣」「東宮帯刀《とうぐうたちはき》中村常陸介宗村」という記載が見られるとしているが、そのようなことは『古今著聞集』にはまったく見えないと、『仙台市史』編纂のための調査によって解明されている。

『尊卑分脈』と伊達氏との関係について、次の二点についてもふれておきたい。まず一つは伊達氏の一族石田氏が所持していた文書の中に、文永八年（一二七一）二月二十二日、弘安二年（一二七九）十一月十五日の沙弥《しゃみ》心有、尼西心連署の「越後《えちご》国青海《おうみ》庄生田村領家地頭職」に関わる譲状《ゆずりじょう》が存在しており、伊達氏は「青海庄生田村」内の在家・田について地頭職を保有していたことが知られる。そしてこの「青海庄」は文治二年（一一八六）には「関東知行《ちぎょう》国」の一つであり、高松院領であったことが『吾妻鏡』に記されている。

このように「青海庄」に関わって伊達氏と高松院との間に所領をめぐって関係性があることから、平安末期ごろ「高松院非蔵人」であった山陰の流れを汲む朝宗が伊達氏の祖であることを信用してもいいのではないかとの考えもある。しかし、羽下徳彦氏は、この史料から『尊卑分脈』の山陰流高松院非蔵人朝宗が『吾妻鏡』に見える常陸介藤時長（入道念西）と同一人物であることを証明したことにはならず、ましてや古系図にいう朝宗または宗村を『吾妻鏡』の常陸入道念西と一致させることはできないと断じている（『仙台市史』通史編2）。すなわち、伊達氏と『尊卑分脈』に見える朝宗とは関係がないということである。

　もう一つは『尊卑分脈』の中に、常陸介藤時長の娘が生んだ若公貞暁について「母、伊達左近蔵人頼宗《よりむね》女」なる注記がついている。これを信ずれば、念西（時長）は「頼宗」と称していたことになる。多くの研究者はこの「頼」は「朝」の誤字であろうとしている。だが、確かに「頼」と「朝」の草書はかなり似ているのでその可能性はあるであろう。だが、「頼宗」が「朝宗」の誤記でないとしたならば、どのように考えたらよいのであろうか。『尊卑分脈』の中で伊達氏の人名として唯一出てくるのが「伊達頼宗」であるが、貞暁の母の父親は伊達時長（念西）であるので、この時長が頼宗ということになる。とするならば、いつの時点かに時長を頼宗に改名したことになる。大胆に推測すれば、鎌倉幕府の御家人になったとき、頼宗から時長に変えたのではなかろうか。理由は頼朝の「頼」を実名の上の字とすることを憚ったためであると考えることも可能である。しかしこれはあくまでも推測であり、十分な根拠があるわけではない。『尊卑分脈』が南北朝後半期に成立したことも気にかかる点である。いずれにしても常陸介時長（念西）を改名して朝宗としたとすることは疑問である。

朝宗という実名の出現

『世次考』は朝宗が伊達氏の祖であることとの重要な史料として、京都南禅寺慈聖院所蔵の「雲但伊達氏系図」を挙げている（「雲但系図」と略称、図6参照）が、この系図は近世初期ごろ作成されたものであるが、信用できないものであると羽下氏は論じ、内容もかなり矛盾があり、五点にわたって疑問点を挙げている。そして、この系図からはせいぜい「伊達の祖は為宗、法名は念西、義広がいたぐらい」（「奥州伊達氏の系譜に関する一考察」『歴史』九六輯）しか指摘できないとして、『世次考』のこの系図への理解に強い不信感を表明している。

伊達氏関係で朝宗という名前が現れてくる確実な史料の出現はいつかといえば、十五世紀末である。明応五年（一四九六）五月に書かれた、「出羽《でわ》国最上村山郡寒河江《さがえ》庄松蔵桑《こ》折《おり》山松蔵寺《しょうぞうじ》」縁起に「奥州山陰中納言政朝公之長男朝宗拾弐代、伊達兵部《ひょうぶ》少輔《のしょう》成宗《しげむね》公之一家」として現れる。これによれば、桑《こ》折《おり》宗義《むねよし》が伊達成宗の命を受けて寒河江城を攻めたが、文明十二年（一四八〇）三月に戦死した。そこで嫡子宗利《むねとし》が明応五年に、この松蔵寺を創建して菩提《ぼだい》を弔ったという。その縁起の中に朝宗が現れているのである。なお、この時期に「朝宗」が登場する理由の推測は後で行なうが、伝承である「山陰中納言政朝」の長男朝宗などと記していることより、このころに『尊卑分脈』内の山陰系図の朝宗と伊達氏が結び付けられた可能性が大きいといえる。そして十六世紀後半の（C）「当家系図

図6　「雲但系図」とされている系図（伊達家文書一―二〇より）　南禅寺慈聖院から東昌寺を経て伊達家に寄贈された系図で、但馬国小佐郷地頭の伊達氏につながる系図である。

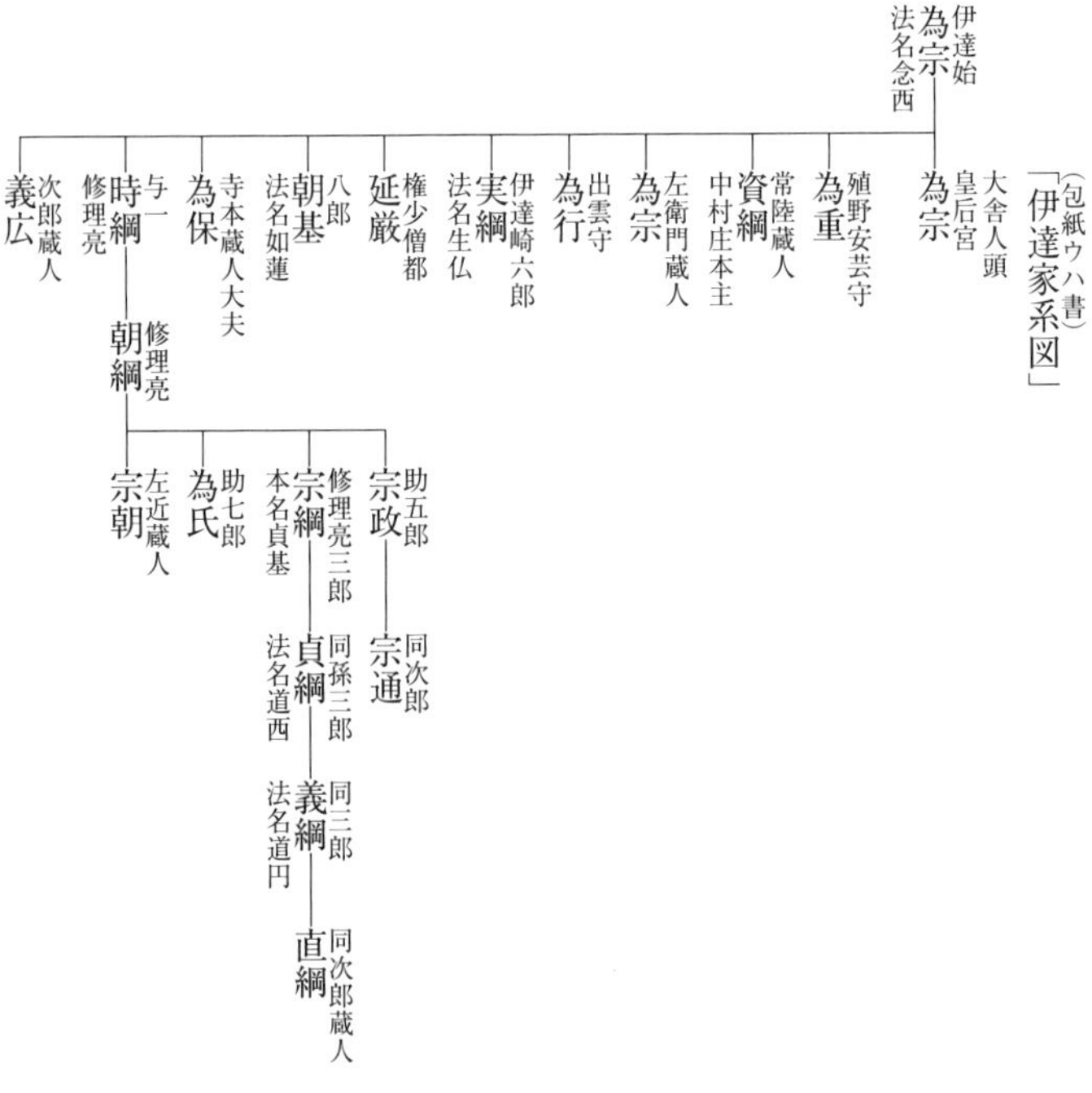

（天正系図）」にいたり、朝宗が明示されるようになる。このように、時長が朝宗であるという説の出現はかなり後代になってからであるという推測が可能となるのである。

以上のように、仙台藩主の系譜を確定させたとされる『世次考』は、「古系図」や『古今著聞集』等の文学作品、『尊卑分脈』を引用し、さらに伊達氏に伝わる伝承等を活用しながら、伊達藩主家の、家臣団を圧倒する権威をもつ「正統性」を書き込んだのである。これが鎌倉幕府の編纂した『吾妻鏡』の内容と齟齬をきたしたのである。その齟齬を「初名」は時長、改名して朝宗、二代についても「初名」は為長、改名して宗村としたとして取り繕おうとした。しかし、この改名についてはまったく証拠を示していない。

このような改竄は、南北朝期の行朝《ゆきとも》についても同様に行なわれ、「行宗」と変えられている。これらが変更された理由は、「古系図」にあると、『世次考』でも強調しているが、伊達氏の通字は「宗」を使用するという観念が当時あったからであり、それに基づいて、強引な改変がなされたともいえる。なお、三代義広を「宗広」とする古系図（B）「近江伊達氏系図」）も存在している。これも伊達氏の通字「宗」の観念と関係しているかもしれない。

時長（念西）の出自

伊達氏と伊佐荘

伊達氏の祖について、「解釈がややこしい系図等」を見てきたわけであるが、結論的には、伊達氏初代は『吾妻鏡』に記述されている常陸介藤原時長、法名念西とする以外になく、後世に作成された系図類に記されている朝宗等の人名には疑問符が付くということである（可能性としては「頼宗」もありえる）。あえていえば、系図の編纂者は伊達氏の権威付けのために『尊卑分脈』から初代朝宗を探し出してきたともいえよう。

もう少し伊達氏の祖についてふれておきたい。伊達氏の本領は『世次考』に「常州真壁郡伊佐《いさ》荘中村邑」とあることより、現茨城県筑西市（旧下館市）あたりであろうとされている。小林清治氏は『尊卑分脈』において朝宗より四代前に「従四位下常陸介実宗」という人物が見えることより、山陰の流れが常陸介となり、常陸西部に勢力を保持していた可能性が想定されるとしている（『桑折町史』）。すなわち、常陸国衙《こくが》の在庁官人が土着して在地領主となったのが伊達氏であるという。念西の長男為宗が『吾妻鏡』に「伊佐為宗」とみえているので、伊佐荘に何らかの職権を持っていたことは事実であろう。土着の在地領主であったかどうかはともかく、十六世紀初頭の永正十一年（一五一四）に作られた『余目記録《あまるめきろく》（余目氏旧記）』は、「伊達は関東伊佐より文治五年に下り候」と記しており、この当時の人々は伊達氏は常陸国伊佐の出身と見なしていた。

常陸介をめぐって

『世次考』は時長の官職についていくつも記している。それは、「東宮帯刀」「高松院非蔵人」「院判官代《いんほうがんだい》」「遠江守」「常陸介」である。この中で、「高松院非蔵人」についてはすでにふれた。東宮は二条院、高松院は鳥羽院の皇女であり、院判官代の院は後白河院か六条院ではないかと指摘されていることが注目すべきことである。このことから推測して、時長は洛中において、院の近辺で活動していることがうかがわれるのである。ただし、『古今著聞集』等から根拠をとっているので、これらがすべて事実であるかどうかは不明である。

しかし、時長の確実な官職は『吾妻鏡』に見える常陸介であるので、これについて考えたい。常陸国は親王任国であり、常陸介が実際上の国司であった。平安時代末期の平氏政権下から承久の乱までの間、常陸介はどのような人物が任命されたのか、詳細に検討したのは羽下氏である。そして得た結論は、常陸国は平安末期から知行国制度であり、知行国主は院の近臣であったという。このような知行国制の中で常陸介に補任《ぶにん》されるのは、京都の朝廷や後白河院と関わりのある人物を想定すべきであり、京都の朝廷と縁の薄い在地性の強い人物が突然国司になることは考えにくいと断定されている。それゆえ、時長は京都の朝廷、院の周辺で活動していたと考えるのが自然であると述べている（「奥州伊達氏の系譜に関する一考察」『歴史』九六輯）。

伊達時長は京都にいた中流官人か

羽下氏のこのような指摘は興味深いものがある。京都の中・下流公家であった常陸介藤原時長が、鎌倉幕府創立時に鎌倉に下り、鎌倉幕府の御家人になったということである。考えれば当然ありえることである。鎌倉に幕府が成立すると京都から続々と有能な公家が下向してきた。その中でも有名な者は、大江広元《おおえのひろもと》・三善康信《みよしやすのぶ》であり、その他、中原氏・二階堂氏らも有名である。二階堂氏は伊達氏と同様に奥州合戦での勲功により、南奥羽の岩瀬郡や信夫郡等の地を恩賞として宛行《あてが》われ、地頭に補任されているのである。京下りのそのような人々の中に常陸介時長もいたのではないかと考えられる。

武家中の武家で、石那坂の合戦で手柄を立てた伊達氏が、「公家」であるはずがないとの疑問を持たれる人もいると思われる。しかし、この当時の公家の中には保元の乱において甲冑を着けて戦い、深手を負い、奈良で死去した左大臣藤原頼長《ふじわらのよりなが》や、承久の乱で敗れて隠岐《おき》に流された武芸百般と呼ばれる後鳥羽上皇を挙げるまでもなく、「天下武勇」の者たちが大勢存在していた。ことに下級公家の中には「暗殺が上手」であると評価されて、上流公家につかえる人たちもいた。現在では「武士」の源流をこのような人々に求める有力な見解が存在している。藤原（のちの伊達）時長も朝廷や院に「武勇」でつかえていたかもしれないのである。そして、常陸国伊佐荘に何らかの職権を持っていたものと考えられる。

ところで『世次考』は寿命院《じゆみよういん》本系図により、時長の母を源為義《みなもとのためよし》（源頼朝の祖父）の娘であるとしている。もしも、時長の父親が京都で朝廷につかえていたならば為義の娘との婚姻は考えられないことではない。また『吾妻鏡』に見える時長の四人の子供のうち、三人までが「為」という字を使用していることは気になるところである。しかし、この婚姻については、現在は確かめようのないことである。

時長（念西）の子息たち

長男為宗

『吾妻鏡』に奥州合戦で「常陸冠者為宗」として現れることはすでに見た。『世次考』には、朝宗の「一男為宗、伊佐の家を嗣《つぎ》て常州に在」と記されている。『吾妻鏡』建久四年（一一九三）五月一日条に、常陸国鹿島《かしま》社の二十年に一度の造替遷宮《ぞうたいせんぐう》が遅れていることにたいして、造営奉行である伊佐為宗と小栗重成《おぐりしげなり》らが譴責され、解任された記事が存在している。翌五年正月七日に皇后宮権大進《こうごうぐうごんのだいしん》為宗、六月十一日には皇后宮大進為宗、十二月二十六日にも同様な官職で現れる。

為宗が五位の皇后宮大進となり、常陸国伊佐荘を所領として、鎌倉幕府に御家人としてつかえ、その子孫も御家人として鎌倉時代を過ごしたことは確かであろう。『吾妻鏡』に為宗の子供と推定される伊佐太郎や伊佐大進太郎が見えており、幕府の御家人として活動している。

次男為重

石那坂の合戦に見える為重が伊達氏の二代目であることは間違いない。石那坂の合戦のときに登場する為重以外には、『吾妻鏡』によれば建久六年（一一九五）三月十日条に、為重は「伊達次郎」として、頼朝が東大寺落慶供養のために上洛した随兵の中に見える。これ以外に確実な史料は存在しない。

『世次考』は『吾妻鏡』や「雲但系図」に見えることから、二代目は宗村とし、その「初の名は為重」であるとする。そして系図に宗村公を念西、満勝寺《まんしょうじ》殿としているが、これは朝宗の下に書くべきところ、宗村の下に書いたものであり、誤りであるとしているのである。しかし、『世次考』が宗村の初名が為重であると強調しても、この時代に宗村という実名はまったく現れず「雲但系図」にも見えない。この宗村という名前の出現も戦国期の「天文系図」を待たなければならず、疑問符が付くものである。

『世次考』の記述には疑問符が付くことが多いが、次のことは事実ではないかと考えられている。すなわち「東鑑に按するに、為宗資綱をもって前後伊佐と称し、公（宗村、為重のこと）と為家は、伊達と称す」とし、念西に次いで伊達と称したのは為重であるとしている。そして伊佐を為宗に譲り、伊達郡を為重に与えたという。

なお、為重がいつどこで死去したか不明である。『世次考』は伊達郡に墓所がないことより、建久六年以後に「但馬国《たじまの》埴野《はにの》」に移り住み、そこで死んだのではないかとしている。他方、彼の死については、大進局が生んだ貞暁に関する「陰謀」が絡んでいるとの説もあるが、詳らかでない。

三男資綱と四男為家

資綱は『世次考』に「常陸蔵人中村の荘の本主」とあるのみであるが、これは「雲但系図」からとったものである。この「中村」は、伊佐荘中村か下野《しもつけ》芳賀《はが》郡中村か見解が分かれている。しかし、資綱については、確実な史料は石那坂の合戦のときのものだけであり、子孫がその後どのようになったのか不明である。ただ、但馬伊達が「綱」を通字としていることより、その系譜に資綱は属すかもしれない。

為家は『世次考』等によれば、次郎為重とともに伊達となったとされているが、これは『吾妻鏡』の記載から見ても事実である。さらに彼は歴史的な事件に立ち会っている。建暦二年（一二一二）六月七日、侍所に宿直していた伊達四郎（為家）と萩生《はぎゅう》右馬《うまの》允《じょう》が刃傷《にんじょう》沙汰《ざた》を起こし、両者の郎従に死者、傷を負った者（それぞれ二人）が出て鎌倉中が騒動となった。御所を血で汚したことより、それぞれ佐渡《さど》と日向《ひゅうが》に遠流《おんる》となった。しかし、赦免されたものと見られ、建保七年（一二一九）正月には御家人として活動している。

この年正月二十七日、将軍源実朝は右大臣に任じられた拝賀のために鶴岡八幡宮に参拝した。この随兵の中に「伊達右衛門尉《うえもんのじょう》為家」がいるのである。周知のとおり、このときに実朝は甥の八幡宮別当公暁《くぎょう》に殺害されるという歴史的事件が起こったのである。実朝に従った前駈《ぜんく》や随身《ずいじん》は、すべて名の知られた御家人である。鎌倉在住の有力御家人として伊達一族を代表して為家が参加したものと考えられる。

だが、その二年後、承久三年（一二二一）五月に承久の乱が起こったが、『吾妻鏡』が記す京都に進軍した膨大な御家人交名《きょうみょう》（名簿）の中に奥羽の伊達一族の名前はない。幕府の有力な行事のおりには、伊達一族は参加しているのであるが、このときは何らかの事情があったかもしれない。伊達為家はこのとき、五十歳前後であったろうから死去していた可能性もある。また『吾妻鏡』は東海道軍を中心に記述しているから、伊達一族は東山道軍、北陸道軍に属していたことも考えられる。

その他の子息として、為行・実綱・延厳・朝基・為保を『世次考』は挙げているが、これらは「雲但系図」からとったものである。その詳細は不明である。

大進局と貞暁陰謀説

『世次考』は大進局といわれる女性について、「征夷大将軍従二位行権大納言右近衛大将源頼朝卿の妾、高野貞暁法印の母なり」と述べている。この記述は間違いない。頼朝の妾になり、「若公」を文治二年（一一八六）二月二十六日に産んだのであるが、このことについて『吾妻鏡』に見えていることはすでに述べた。大進局が頼朝の妾となった理由について『世次考』は、念西の母が源為義の娘としたうえで、「頼朝卿における表兄弟として、且其女をもって、其妾となし、もっとも相親むべきなり」と、時長（念西）が頼朝の「表兄弟」（頼朝の父の姉妹の子、現代的にいえば従兄弟）で、自分の娘を妾に勧めるような親近関係にあったとしている。もちろんこのことが事実かどうかは分からない。だが可能性があることはすでに述べた。

　この大進局が産んだ貞暁はどうなったかといえば、頼朝の妻政子の強い嫉妬により、母子ともに鎌倉を追われた。大進局は所領として伊勢国三ケ山を与えられ、「若公」は建久三年（一一九二）六月十六日、「弥勒寺《みろくじ》法印《ほういん》隆暁《りゅうぎょう》の仁和寺《にんなじ》の坊」（『吾妻鏡』同月二十八日条）に入った。その後、高野山一心院《いっしんいん》を相伝したが、死去について『吾妻鏡』は寛喜三年（一二三一）三月九日条に「去月廿日、仁和寺法印御房（貞暁、四十六）高野において御入滅と云々、これ幕下将軍（頼朝）の御息、御台所の御伯父なり」としている。藤原定家の『明月記』は同年三月三日条に貞暁が高野山に二十年籠居ののちに逝去したが、「不食病」で臨終を迎えたと述べている。母親は行寛なる者が扶持して摂津国にいるという。「不食病」というのはよく分からないが、定家の日記には他の人の病気の様態についても「食事が喉を通らない」様子を記述したものが見られる。ガン系統の胃腸の病気かもしれないが、病名は不明である。

だが、頼朝の三男が「不食病」というような不審な死に方をしたことにより、何か疑獄があったかもしれないと疑う人もいる（松浦丹次郎『伊達氏誕生』）。そのようなことを推測させる史料がないわけではない。『大日本史料』第五編之六、寛喜三年二月二十二日条には、貞暁に関わる史料が載せられている。そこに掲げられた『尊卑分脈』には貞暁の弟として能寛《のうかん》（頼朝の四男）が載せられており、「法印、権大僧都、高野において自害」と記されている。この能寛について『仁和寺諸院家記《しょいんげき》』（『仁和寺諸院家記』の本来の姿は鎌倉時代にさかのぼるとされている）に、「貞暁法印、本号能寛」と述べており、貞暁と能寛は同一人物であるとしているのである。『大日本史料』第五編の編者も「『尊卑分脈』には別人となす、恐らくは分脈の誤ならんか」と指摘している。もしも同一人物ならば、頼朝三男の貞暁は自害したということになる。とするならば、次の年には「御成敗式目」が制定されたりしていることより、貞暁の死については政治的な事情が絡まっているに違いないと推測されるのは必定となっていく。

近世に成立した『伝灯広録《でんとうこうろく》』や『高野春秋』等には、承久の乱後に北条政子が貞暁を将軍に擁立しようとし、彼は固辞したとか、貞暁が北条義時の権威を憚ったとかという話が載せられている。しかし、いずれも確実な史料ではない。ただ、頼朝の他の子供たちがあまり幸せではなかったように、彼ら同様に、貞暁も幸せな生涯を送ったようには見えない。

御家人伊達氏と伊達郡

鎌倉居住の伊達一族

『世次考』で三代目とされる義広

義広《よしひろ》は前述したもっとも古い系図である（A）「天文系図」に伊達家の二代目として記されており、（B）「近江《おうみ》伊達氏系図」には見られない。ちなみに三代目は宗村《むねむら》の子である「宗広《むねひろ》」とされている。そして藩祖政宗《まさむね》時代に存在した（C）「当家系図」（天正系図）には「宗村念西《ねんさい》」の子として、義広が現れる。以後に作成された系図、『世次考《せじこう》』を含めてすべて義広が伊達家の三代目とされている。（B）系図の「宗広」は「義広」の誤写ではないかという説もあるが断定できない。なお、『世次考』が重用した「雲但《うんたん》系図」には、為宗《ためむね》・為重《ためしげ》の末弟として書かれているが、疑問とされている。為重の養子になったのではないかとも考えられるが、まったく確証がない。

『世次考』は義広をどのように書いているのであろうか。宗村（為重）の次男であることが「雲但系図」に見えているとし、「宗村」の長男時綱《ときつな》は出雲《いずも》・但馬《たじま》に移り、但馬伊達氏の祖になったという。そして延宝三年（一六七五）に得た「梁川八幡《やながわはちまん》社家菅野家の旧記」を引用して、梁川町粟野《あわの》に「大館」を構えていたとしている。また、義広は実は「為重」であり、すでに述べた貞暁《じょうぎょう》の陰謀に荷担したことにより、若狭《わかさ》国粟野荘に隠れて、粟野次郎と称したという説があるが、これを『世次考』は否定している。そして死去したのは康元元年（一二五六）九月二十三日で、七十二歳であったという。

十三世紀前半から中ごろに伊達氏の惣領であった人物は、鎌倉幕府の正史である『吾妻《あづま》鏡《かがみ》』等でどのように記録されているであろうか。名字が伊達として出現するこのころの記事を並べてみることにしよう。『吾妻鏡』暦仁元年（一二三八）二月十七日条に将軍藤《ふじ》原頼経《わらのよりつね》が上洛した模様が記されている。そこに三列に並んだ「御所の随兵《ずいひょう》百九十二騎」中、第四番の列に、伊佐《いさ》四郎蔵人《くろうど》、第三十四番に、伊達八郎太郎、中村縫殿助《ぬいどのすけ》太郎、伊達判官代《ほうがんだい》が見えている。中村縫殿助太郎も伊達一族と考えられるが、伊達判官代は「義広」ではないかと推測されている。この判官代が義広かどうかはともかく、この記述から伊達氏の惣領と推測できる。

伊達判官代について次のような関東下知状《げちじょう》（島津家文書一―五〇四）が存在している。

伊達判官代入道念性《ねんしょう》女子尼妙海《みょうかい》と島津下野三郎左衛門尉忠長との間に信濃《しなの》国太田庄神代《かじろ》郷内中尾村をめぐって相論があり、永仁六年（一二九八）九月三日に島津忠長勝訴の関東下知状が下された。これによると、伊達判官代の娘である妙海は、伯母である大隅（島津）入道道仏《どうぶつ》の後家西忍《さいにん》（伊達判官代と姉弟）、その子忍覚《にんかく》の扶持《ふち》（芳恩）により正嘉年間（一二五七〜五九）より正応四年（一二九一）までの三十余年、中尾村を知行《ちぎょう》していた。だが、西忍が正応二年死去した。そのため忍覚の子忠長がこの扶持を取りやめたことにより、訴訟となり、島津忠長が勝訴したものである。ここに見られる妙海は伊達氏第四代「政依《まさより》時代」を生きた女性であることより、その父親である伊達判官代入道は、時代的には「義広時代」の人物であるといえる。判官代入道と称していることより、『吾妻鏡』に見える判官代と同一人物の可能性が高い。これがいわゆる「義広」とするならば、法名は念性ということである。

寛元元年（一二四三）正月十日の御弓始めの射手十人の中の一人に「伊達中村太郎」がいるが、先の中村縫殿助太郎と同一人物と思われる。以上、十三世紀前半の伊達氏関係の人物の活動を見てきたが、実名が義広なる人物は明確にできない。将軍藤原頼経の随兵の中に見られる伊達判官代が義広であるかもしれないとするのみである。ただ、これを義広と確定する根拠はない。なお、建長二年（一二五〇）と、建長四年も伊達関係の記事があ

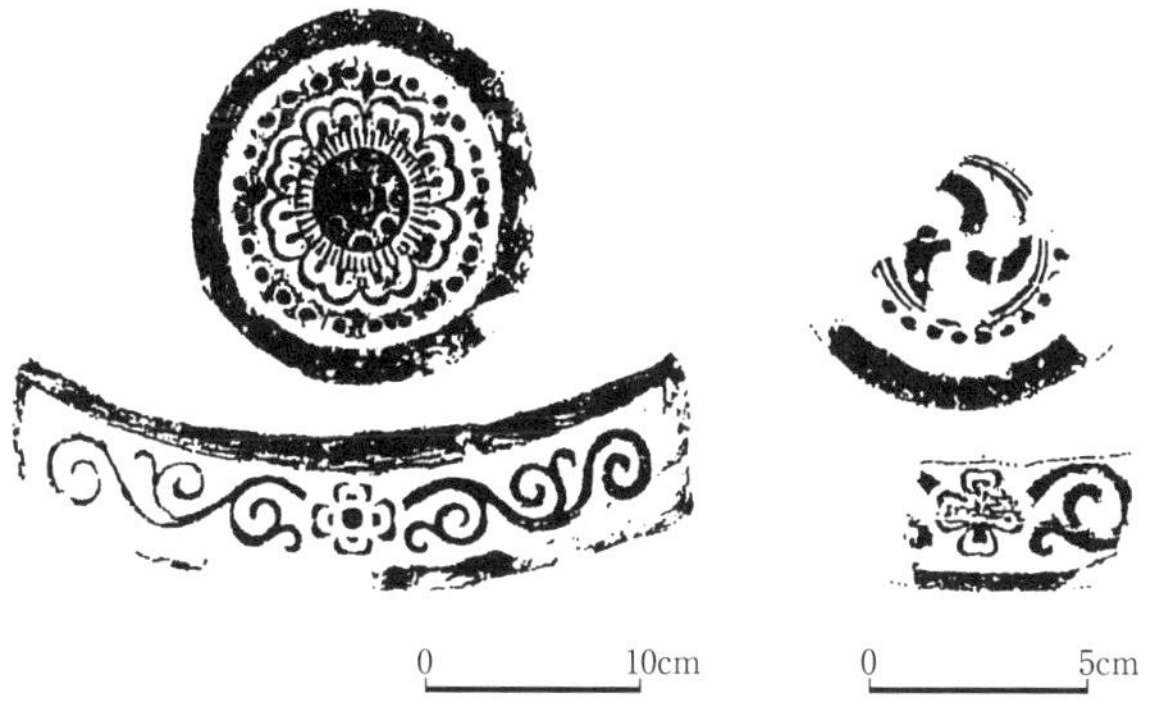

図7　永福寺跡出土瓦(左)と下万正寺遺跡出土瓦(右)(『桑折町史』1より転載)　両寺遺跡の瓦の文様が同じであると指摘されている．そして，永福寺は13世紀中ごろに改築されており，改築した寺には改築前の瓦は使用されていないので，この下万正寺遺跡の遺物はそれ以前に作られたものであるとしている．

るが、次の物領である可能性が高いので、その項で述べる。

十三世紀前半（義広時代）の桑折郷

十三世紀前半から中ごろまでを一応「義広時代」とするが、この時代に重要な寺院が創建されたと見られている。この寺院跡は「下万正寺《しもまんしょうじ》遺跡」である。遺跡の中央には伊達氏初代の「朝宗《ともむね》の墓」といわれる墓地があり、満勝《まんしょう》寺《じ》と比定される寺である（ただし、満勝寺は次の四代政依によって弘安年間〈一二七八〜八八〉に創建されたといわれている）。この「下万正寺遺跡」は二回にわたって試掘調査がなされた（寺島文隆「下万正寺遺跡」『桑折町史』1）。

そこから出土した軒平瓦が注目される。

その瓦は鎌倉の創建当時の永福寺《ようふくじ》のものと文様が同じであるという。永福寺は源頼朝が平泉藤原氏の供養のために建久三年（一一九二）に建立した寺である。永福寺は鎌倉中期に改修され、瓦も変えられたが、「下万正寺遺跡」出土の瓦は改築以前の、建立された当時の文様のものであった。また同じく出土した「かわらけ」も鎌倉時代初期の十二世紀後半から十三世紀前半ころに造られたものであるとされる。これらの遺物からこの遺跡の年代は十二世紀後半から十三世紀前半のものと考えられ、この寺院（仮に「万正寺」と称する）が建立されたのは鎌倉の永福寺が創建されて、それほど年月が経っていないころと推定されている。そして弘安年間に政依が建立した満勝寺とは年代に隔たりがあるといわれており、たぶん、為重の晩年、「義広時代」に「万正寺」は造られたものと思われ、頼朝と同様に石那坂《いしな》の合戦、阿津賀志山《あつかし》の合戦で戦死した敵・味方を弔ったものと考えられている（寺島前掲論文）。

「万正寺」と義広

下万正寺遺跡の発掘により、「義広（判官代）時代」の一端が見えてくる。承久の乱以降は、鎌倉幕府の発展時代であり、執権政治などといわれて、十三世紀中ごろまではかなり平穏な時代であった。伊達氏惣領も鎌倉に居住して幕府にたいして御家人役を勤めていたものと推測される。そのような中、誰かが所領の伊達郡桑折郷《こおり》に下向《げこう》し、「万正寺」を創建したといえる。それは義広の父親為重が晩年に桑折に下向したことを示すかもしれないが、可能性は低いと考える。というのは、系図の中には為重は「満勝寺殿」と号したとするものもあるが、『世次考』はこれを誤りと否定していること、また、為重の伝承と痕跡が伊達郡では皆無であると小林清治氏は述べており、但馬埴野《はにの》に移り、そこで死去したという『世次考』の説を支持していることによるのである。それでは誰かといえば、義広は鎌倉居住の御家人であると考えられるので、桑折郷に下り、寺を建立したとは思えず、義広の代官が下向して桑折郷を支配し、その指示のもと、「万正寺」を建立したであろうと推測したい。

十三世紀後半の伊達一族の惣領

伊達氏の四代目

伊達氏の四代目について『世次考』は政依としている。彼は第二子であり、第一子（長男）は伊達左衛門蔵人親長《さえもんくろうどちかなが》であると記している。政依が死去したのは正安三年（一三〇一）七月九日、七十五歳で、法名「願西」で、「東昌《とうしょう》寺《じ》殿」と号したという。彼は十三世紀後半の激動時代を生きた人物であるが、この時代の記録には実名《じつみょう》は載せられていない。一応、系図に従い政依（系図の中には「政頼」とするものあり）とする。この「政依時代」には系図や『吾妻鏡』以外にも史料が存在しているので、それらも含めて検討しよう。

『吾妻鏡』から見ていくと、建長二年（一二五〇）三月一日条に、閑院殿《かんいんどの》造営の雑掌《ざつしょう》の分担について目録が作成され、その中に「蔵人町の後屏二十五間。十五間屏門三あり、伊達入道が跡」とある。この「伊達入道が跡」とは伊達常陸入道念西《ひたちにゅうどうねんさい》が残した所領（父祖の遺領）のことであり、この遺領を相続した人物が負担しなければならない幕府の御家人役のことである。閑院殿造営の雑掌についての伊達氏の御家人役は「蔵人町の後屛二十五間の内、十五間」を負担するというものである。他の十間は「安積薩摩前司《さつまのぜんじ》」の負担であった。このころ、伊達氏のような有力御家人の御家人役は、鎌倉在住の惣領が庶子に所領に応じて分担を命じ、それを徴収して一括して幕府に納入した。

さらに、建長四年八月一日条に、宗尊《むねたか》親王が征夷大将軍に任じられたことにより、鶴岡八幡宮に拝賀しようとしたとき（実際は行なわれなかった）の随兵の中に、直垂《ひたたれ》を着した「伊達次郎」なる者がいる。また同月六日、宗尊が方違を行なおうとしたとき（これも行なわれず）の供奉《ぐぶ》の人々の中に「伊達次郎」が存在している。この人物は建長二年に御家人役を負担した者と同一人物であろう。

このときの惣領は「義広の次の世代の者」と見なすほうが自然である。そのように推測するのは義広の年齢を考えるからである。すなわち相当な高齢であると推定する義広を「次郎」と呼ぶのは疑問があるからである。ただし確実ではない。当然なこととして実名は不明である。

御家人役負担については次のような興味深い史料が存在している。「六条八幡造営注文」（『田中穣氏旧蔵古典古文書』所収）の中に、建治元年（一二七五）五月日付「造六条八幡新宮用途支配事」なる記述がある。この史料は十三世紀後半の鎌倉幕府の御家人制度を検討するうえできわめて注目されているものである。それは、六条八幡を新しく造営するために、幕府の御家人四百六十九名に造営料の配分を記載した史料である。この分担名簿は「建治の御家人交名《きょうみょう》」と呼ばれているが、御家人が「鎌倉中」「在京」「諸国」の三種に区分されて造営料を割り当てられていることが興味深く、注目されている。この御家人による造営料の分担は、基本的には前述した「閑院殿造営」分担の方式と変わらない。ここに見られる「鎌倉中」という御家人は、鎌倉に館を持ち、そこに居住して幕府内の諸番役を勤め、諸問題等に対応していた有力御家人である。「在京」というのは、洛中に存在している（六波羅探題に属している）御家人を示している。「諸国」というのは、各国にいる御家人のことであり、在地性の強い者たちを指している。「鎌倉中」の御家人と「諸国」に位置付けられた御家人とは格差が存在したと見なされている（七海雅人「御家人の動向と法成寺勢力の展開」『鎌倉幕府と東北』）。

鎌倉居住の御家人と寺社造営

伊達氏は「鎌倉中」に位置付けられている。伊達氏に関わるところは次のような配列である。

鎌倉中

相模守	五百貫	武蔵守	三百貫

（中略）

同判官四郎跡	十貫	葛西伊豆前司	四十貫
同壱岐七郎右衛門入道跡	廿五貫	同河内前司跡	六貫
同三郎太郎跡	廿貫	伊達入道跡	廿五貫
伊佐大進跡	十貫	同次郎跡	七貫

（後略）

この記述は「鎌倉中」との項目を立てて北条氏一族以下の有力御家人を列挙しており、その中に見られるように「伊達入道跡　廿五貫」と記されており、隣の行に「伊佐大進跡十貫　同次郎跡　七貫」との記載がある。後の伊佐氏は伊達一族の常陸国伊佐氏一族である（実名は二人とも未詳）。ここに出てくる「伊達入道」は伊達念西（時長《ときなが》）のことであり、このときにはもちろん念西は死去しているので、「跡」とは念西の遺領のことである。この伊達氏に継承された遺領を基準にして、伊達氏惣領が御家人役を負担しているのである。この負担者の実名（伊達氏惣領）を推測することができるであろうか。手がかりとして、このころ活躍している伊達氏について『吾妻鏡』から拾いだして検討してみよう。

伊達親長が惣領か

『吾妻鏡』正嘉元年（一二五七）十月一日条によればこの日、大慈《だいじ》寺《じ》の本堂・丈六堂・阿弥陀堂・釈迦堂・三重塔などに、ことごとく修理を加えたことにより、将軍が出御《しゅつぎょ》（高貴な人のお出まし）して供養が行なわれた。『吾妻鏡』に、この日に挙行された供養の儀式の様態が記述されている。概略を記すると、まず供養の主である大阿闍梨《だいあじゃり》の座を仏前とし、法印権大僧都《ほういんごんのだいそうず》以下三十人の僧侶（職衆《しきしゅ》）の座を東の間、北の間に設定し、西廊の内に将軍の座、東廊の内に執権の座を造り、丈六堂の廊の内にお布施取りの公卿・殿上人の座（公卿は高麗縁《こうらいべり》の畳、殿上人は紫縁の畳）を敷き、中間の廊に諸大夫の座（紫縁の畳）を設けた。そして将軍が御出し、供奉人の行列が続いた。その行列は次のとおりである。

供奉人の行列

先陣の随兵

武田五郎三郎政綱　小笠原十郎行長

（八名を略）

遠江七郎時基　陸奥六郎義政

御車

隠岐次郎左衛門尉時清　　善次郎左衛門尉康有

（十名を略）

御調度

武藤次郎左衛門尉頼泰

御後　布衣

武蔵前司朝直　　御劔の役 尾張前司時章

（二十四名を略）

鎌田三郎左衛門尉義長　　鎌田次郎兵衛尉行俊

後陣の随兵

遠江三郎左衛門尉泰盛　　長江八郎景泰

千葉介頼胤　　城四郎左衛門尉時盛

（六名を略）

風早太郎常康　　小田左衛門尉時知

以上のように、先陣の随兵・御車（護衛のために列歩する十二名の御家人）・御調度・御後（布衣《ほい》を着用）として武蔵前司《むさしのぜんじ》朝直以下二十八名の有力御家人、後陣の随兵として三浦《みうら》泰盛《やすもり》・千葉頼胤《ちばよりたね》以下十二名の御家人であった。将軍・公卿等が座につき、職衆（僧侶）が頌讃した後に大阿闍梨が上堂して誦経《ずきょう》して終わった。そして大阿闍梨に膨大なお布施(僧に施す物品)が、職衆にもそれぞれお布施が送られたのであった。この儀式について長々と書いたのは伊達氏がこのお布施を取る役に就いていたからである。お布施取りは次のような人たちであった。

御布施取

土御門中納言　顕方卿　　花山院宰相中将　長雅卿
仁和寺三位　顕氏卿　　二条三位　教定卿
刑部卿　宗教卿　　一条中将能基朝臣
一条前少将能清朝臣　　中御門中将公寛朝臣
中御門少将実承朝臣　　中御門侍従宗世
坊城少将公敦　　六条侍従公連
二条侍従雅有　　少輔左近大夫佐房
刑部少輔政茂　　駿河新大夫俊定
前近江守季実　　押立蔵人大夫資能
伊達左衛門蔵人親長　　長井判官代泰茂

「布施取り」は二十人で構成されており、位が高い中納言を筆頭に、公卿・殿上人・諸大夫がその任に就いて行なうきわめて重要な役目であったことが知られる。後のほうの六、七人は幕府の御家人と推定されるが、このような中に伊達親長が入っているのである。この供養行事に随兵等で参列している武将は、鎌倉在住の有力御家人たちと見られる。もちろん各家の惣領であろう。親長が公卿・殿上人らとともに布施物を取り扱う役に携わったということは、一族内の中心人物と推定する以外にない。すなわち、この時期において、親長が惣領であったと考えられる。

『吾妻鏡』弘長元年（一二六一）二月二十日条に、鶴岡八幡宮における仁王会《にんのうえ》に際して、伊達右衛門蔵人が布施取りの役目を勤めているが、これも親長と考えられる。さらに文永三年（一二六六）正月十二日条に、ほうき星が現れたことにより天地災変祭というお祈りが行なわれ、この将軍への「御使」として伊達蔵人大夫が任じられているが、これも親長であろう。

『吾妻鏡』のこれらの記述について『世次考』も検討している。それは文永三年正月十二日のお祈りに出てくる伊達蔵人大夫についてで、これは政依であるとしている。その理由を次のように論じている。政依はこのとき四十歳であり、蔵人大夫と称するのは政依以外に考えられない。これ以前に伊達左衛門蔵人親長がおり、彼がのちに蔵人大夫と称するようになったという説もあるが、系図と符合しないので、蔵人大夫は政依以外の他人とはすべきではないと断言している。『世次考』は伊達家の所持する系図に親長を伊達氏の四代としていないことをもって「政依」としているのであるが、すでに見てきたように系図そのものが信用するに足らない点があり、そもそもこの時代、「政依」という実名がどこにも現れない。これらのことから推して、『世次考』の推論はやや強引といえる。『吾妻鏡』を素直に読めば、このころの伊達氏の惣領は親長であったといえる。

東昌寺と伊達氏

伊達郡に造られた五寺院

伊達氏の鎌倉での活動を推察してきたが、十三世紀後半には、本領伊達郡でも興味深いことが起こっている。伊達氏（系図に見られる政依）が五ヶ寺を創建したというのである。すでに述べたように、十三世紀中ごろまでに成立したとされる満勝寺跡（下万正寺遺跡）と称する所から、鎌倉永福寺様式の瓦が出土したことからして、桑折郷に仏教文化が開かれていたことは確実である。十三世紀後半の伊達郡内の仏教文化の動きを『世次考』は次のように述べている。「政依」は「五箇寺を創建す、謂ところ、東昌寺、光明寺、満勝寺、観音寺、光福寺なり」とし、満勝寺は念西、光明寺は念西の妻、観音寺は父「義広」、光福寺は母の菩提寺《ぼだいじ》であるとし、東昌寺は「政依」自身のために建立したとしている。これらの寺院の中で、満勝寺・光明寺・東昌寺は伊達藩の成立後、仙台に移転している。

注目すべきは東昌寺に関わる次のような事実である。『済北集《さいほくしゅう》』という虎《こ》関師錬《かんしれん》が書いた書物の中に「仏智禅師伝《ぶっちぜんじでん》」（『続群書類従』九上）がある。そこに興味深い記載が存在している。

奥州の信士

> 奥州信士、寺を創《はじ》む、曰く満勝寺と、雲の道望を聞き、これを主位に延《まね》く、雲これを拒む、請うこと弥《いよいよ》固し、已にして至る、信士雲の提唱を耳《き》いて大欣慰を生ず、又東昌寺を建ててこれを権《けん》す、故を以て雲奥に棲むは拾稔《じゅうねん》に過ぐ、永仁乙未《きのとひつじ》、東福の主席を欠く、藤の丞相忠教《ただのり》、鈞旨《きんし》を東昌に諭《さと》す、其の命厳懇にして免ることを獲《え》ず、春三月寺に入る（『桑折町史』1による）

この記述は、「奥州信士」が満勝寺を開き、住職に雲（仏智禅師山叟慧雲《さんそうえうん》）を招こうとしたが、固辞された。しかし信士の強い要請により、ついに満勝寺の住職として下向した。信士は雲（慧雲）の説教に感激してさらに東昌寺を創建し、その住持をも兼ねさせることになり、十年が過ぎた。永仁乙未の年すなわち永仁三年（一二九五）、京都の東福寺の住持が欠けたことにより、関白九条忠教の強い命令により、同年三月に東福寺に入ったとするものである。この記事によれば、寺が建立されたのは、満勝寺は弘安八年（一二八五）以前であり、東昌寺は同年以後ということになる。

ところで「奥州信士」とは誰であろうか。これは伊達家の系図等により政依とされている。京都の名声ある高僧を、伊達郡桑折郷まで招聘《しょうへい》することができるような人物は伊達氏の有力者としか考えられないことも事実である。信士を政依としたならば、政依はかなり長期間奥州伊達郡にいたことになり、居住していた間に祖父母・父母の供養や自分のために満勝寺や東昌寺その他の寺院を造営して、慧雲を招いていたことになり、伊達郡で幅広く、所領支配のための活動をしていたといえよう。

このころ伊達氏は「鎌倉中」御家人に位置付けられており、「鎌倉中」の御家人ならば、少なくとも惣領は鎌倉居住が義務付けられていた（多くの場合鎌倉にいなければならず、十年も鎌倉を不在にすることはない）と思われるが、政依は弘安年間以後は、在地の伊達郡で活動しているように見られる。なお、「奥州信士」が伊達親長ではないかと考えられないこともないが、彼は弘安六年に他界したとされる（後述の関東下知状による）ことより、可能性は低いであろう。

政依と桑折郷との関わりについて小林清治氏は次のように述べている。建治元年（一二七五）の「伊達入道跡」の造営役を勤めたのは惣領政依であり、主たる生活の場は鎌倉であり、「鎌倉中」と位置付けられる有力御家人として幕府の御家人役を負担していた。しかし、政依が京都より慧雲を招請して満勝寺・東昌寺の住持にすえ、それが十年を越えたということから、彼が鎌倉に常住していたと考えることは到底不可能である。政依は一年のうち数ヶ月は伊達郡に居住していたであろうと想定している。鎌倉に半分以上、伊達郡にも半分近く住んでいたということである。

この点については私と見解を異にする。私は、惣領は親長で鎌倉で御家人役を勤め、政依は伊達郡に下って諸寺院や、所領を経営していたと推察している。このことについて可能性は二つ考えられる。一つは政依が惣領を他の人に譲って伊達郡に下向してきたのではないかと思われること、他は鎌倉居住の惣領（親長）の代官として伊達郡に下り、惣領に代わり、有力者として所領経営を行なったことである。私は後者ではないかと推定している。それは、親長（長男）と政依は兄弟であり、『世次考』等は次男の政依が家を継いだとしているが、「次郎」が伊達氏を継承するという「伝承」は戦国期にできたもので必ずしも確実なものではないと考えるからである。次項に述べる時長と氏女の裁判記録から考察してそのように推察するものである。政依の後継者が不明なことについてはこれも後で考える。鎌倉時代後半の所領支配は、結城白川《ゆうきしらかわ》氏や相馬《そうま》氏では、鎌倉に惣領が存在し、現地で代官が支配するという形態が一般的であった。このことから伊達氏も同様であったであろうと推定されるのである。

時長と氏女の相論

親長・政依が活動していた時代にもう一人の大物が登場してくる。法名が心円《しんえん》と呼ばれている伊達一族である。永仁五年（一二九七）、心円の子供である伊達時長（初代念西時長のことではない）と妹藤原氏女《ふじわらのうじめ》との間の桑折郷田在家《たざいけ》をめぐる相論について、執権北条貞時《ほうじょうさだとき》と連署北条宣時《のぶとき》が署判した関東下知状が下された。長文であるので、その内容について簡単に要約しておこう。判決は六点にわたっている。

第一点、氏女は文永六年（一二六九）に父心円から譲状《ゆずりじょう》を受けているが、弘安六年（一二八三）に心円が他界ののち時長が偽文書を作り氏女を追い出したと主張。しかし時長は父心円より弘安二年に譲状を与えられ、同八年に幕府より安堵状《あんどじょう》を得ていると強調し、さらに心円は建治・弘安の両度にわたって十四人の男女の子供に所

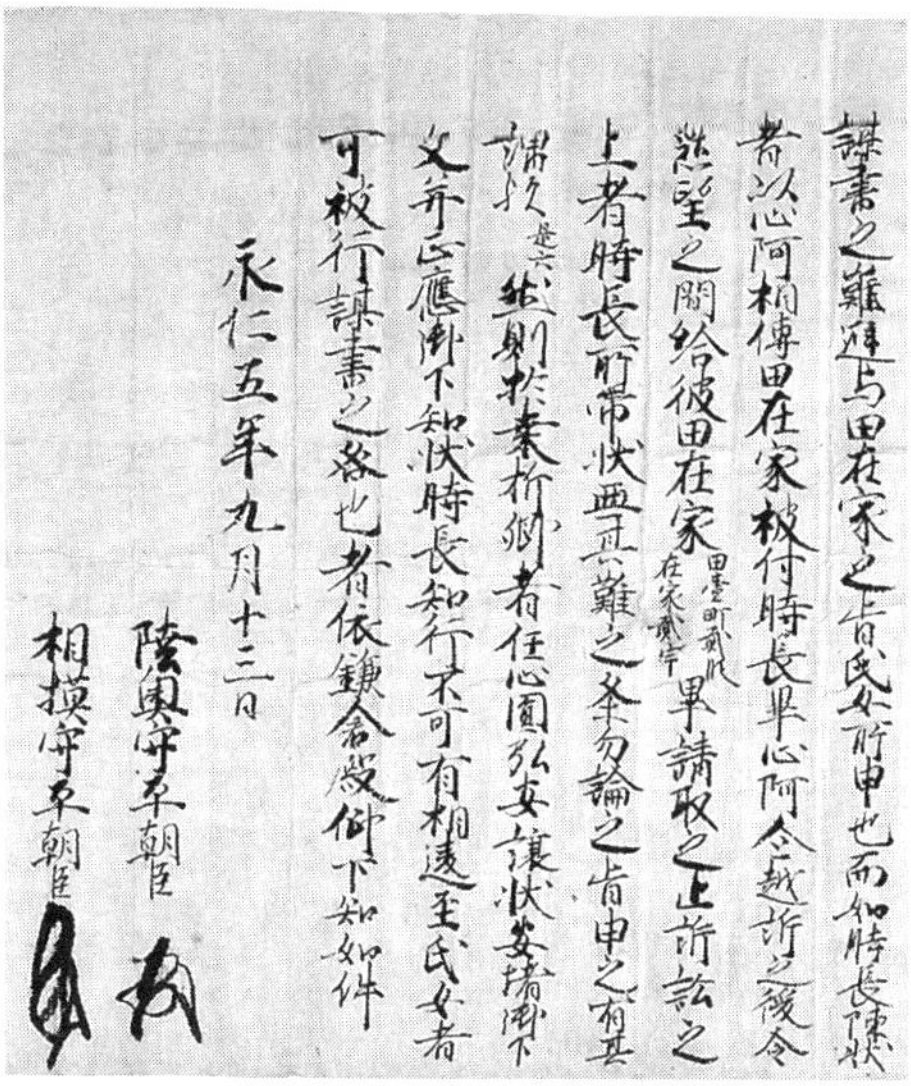
謀書之難遁与田在家之旨氏女所申也而如時長陳状
者以心阿相傳田在家被付時長畢心阿企越訴之後令
懇望之間給彼田在家（田壱町貳段 在家壱宇）畢請取之上訴訟之
上者時長所帯状無其難之条勿論之旨申之有其
謂歟（是六）然則於桑折郷者任心圓弘安譲状安堵御下
文并正応御下知状時長知行不可有相違至氏女者
可被行謀書之咎也者依鎌倉殿仰下知如件
永仁五年九月十二日
陸奥守平朝臣（花押）
相模守平朝臣（花押）

図８　関東下知状（永仁５年〈1297〉９月13日）の末尾の部分（仙台市博物館所蔵）

領を与えているが、氏女だけ文永の譲状を持っているのは疑問であることを主張した。氏女は、母が死去したときに文永の譲状を心円から与えられたと反論した。幕府の判断は、母が死んだとき、母親が同じである兄行朝《ゆきとも》にも譲状が与えられたのではないかと問うたところ、氏女は行朝は紛失してしまったので建治年中に再交付されたというが、これは大変に信用しがたいことであると断じている。

第二点、譲状の筆者について、文永の譲状に限って心円でないことはこれもすこぶる疑わしいと幕府は判断。

第三点、氏女が兄掃部助《かもんのすけ》六郎入道心阿《しんあ》の子六郎太郎に嫁したことと、父から領外追放を受けたことについて、一門の人たちは皆知っていると時長が主張するのにたいして、氏女は一門は知らないと述べるが、幕府は時長の主張を認めた。

第四点、これ以前に兄心阿（夫の父親でもある）が、時長が持つ譲状は謀書（偽物）であると訴えたとき、氏女も時長の譲状について当然訴えるべきであったのに二人の相論は知らなかったといい、訴えることをしなかった。ところが今回、心阿が氏女の申し口（代弁者）になったことにより、幕府引付が心阿にたいして、氏女の譲状を知っていたかと問うたところ、前より知っていたと述べたが、氏女は心阿の子に嫁したのであるから、当然心阿と時長の相論を知っていたはずである。心阿と時長の所領相論のとき、なにゆえ氏女が父の譲状を持っているにもかかわらず、彼女自身が訴えなかったのか疑問である。これは心阿の訴訟が棄却された後に、事を起こしたと考えられるのではないかと、幕府は疑った。

第五点、氏女の譲状が他筆であることから、幕府は氏女の譲状を偽文書とした。

第六点、氏女は時長の譲状は謀書というが、心阿の訴訟のとき、時長は安堵の下文《くだしぶみ》を得ている。氏女は心阿が再訴したとき、時長が謀書であることを恐れて、田在家を心阿に譲ったというが、時長は反論して、裁判の結果、田在家は自分の所領となったが、心阿が懇望したので、田一町二段・在家二宇の田在家を与えたことにより、心阿は訴訟をやめたのであり、自分の持っている譲状は何ら問題はないと言っている。これは時長の言うことに理があると幕府は判断している。

よって桑折郷について、心円の弘安の譲状、幕府の安堵の下文、さらに正応の下知状（心阿が再訴したときの判決状）によって、時長の桑折郷の知行は相違ない、氏女は謀書の罪により処罰するものとする。

以上のように、幕府は腹違いの兄妹である時長と氏女の相論を、時長勝訴で裁決したのであった。この判決状によれば、父親の心円は弘安六年に死去している。そして少なくとも二人の女性の間に、男八人、女六人のあわせて十四人の子供が存在していた。知られるのは、時長と六郎入道心阿（この二人が同腹かどうかは不明）、同腹の氏女と七郎行朝であり、他に心阿の子息六郎太郎である。そして心阿の子六郎太郎と氏女が婚姻関係にあった（腹違いの兄弟の子と結婚した）ことが知られる。氏女と時長の桑折郷をめぐる相論の前に時長と心阿の所領争いがあったが、このときも時長が安堵状を賜っており、時長の勝訴であった。幕府は、心阿の子に嫁いでいる氏女が時長を訴えたのは、前の裁判の蒸し返しであると判断し、時長の桑折郷の田在家の知行を認めたのであった。

心円は誰か

心円は誰かと推定する必要がある。心円は建治と弘安年間の二度にわたって十四人の男子女子の子供に所領を分け与えていることが関東下知状から知ることができる。そしてその中の一人時長には桑折郷を与えている。他の十三人にはどのように配分したかまったく不明である。ただ桑折郷の田在家をめぐって時長と心阿が争ったことは前述したとおりであるが、心阿もどこかに所領を得ていたものと考えられる。鎌倉時代の惣領制のもとでは、所領の配分が平等に近いような形となることは、相馬氏の例を見れば知られる。それゆえ、心円の他の十三人の男女の子息も、それぞれ桑折郷ほどの所領でないにしても、一定の配分を受けていたであろう。このように推定すると、心円は伊達郡以外にも所領を所持していた可能性が高いといえる。かなり有力な御家人であったのではないかと思われ、鎌倉に居住していたのであろう。なお、氏女は現地にいたと思われる。

心円は桑折氏を開いた伊達左衛門蔵人親長であろうとするのが通説である（小林清治「桑折氏の成立と展開」『桑折町史』1）。親長についてはすでにふれた。厳密にいえば心円の実名は確定できないが、桑折氏がこの関東下知状を所持していたことより、心円が親長であるとする推定はまず誤りないであろう。十三世紀後半に活躍している伊達一族の中では親長がもっとも著名であることとともに、広大な所領を所持していたのではないかと推定されることも一つの根拠である。心円の子時長は桑折郷を分与され、幕府の安堵状を得て、その後に桑折郷の惣領になったことは事実である。そして時長の子孫がのちの桑折氏になっていったであろうとされている（桑折氏が桑折と名乗るようになるのは南北朝末期になってからである）。

ところで、私は親長が十三世紀後半の伊達氏一族の惣領であると推定してきたが、一つ注目することがある。桑折氏が所有していた永仁五年（一二九七）の関東下知状を包んでいた「包紙」に「きょうと（京都）かまくら（鎌倉）においてそちん（訴陳）の状幷めやす（目安）一」とあることである。この下知状は京都とはまったく無関係であり、目安（訴状）でもない。この点について小林氏は、「一」というのは文書包の番号であり、この関東下知状のほかに六波羅下知状および他の訴状などがあり、一緒に包まれていただろうと推測され、時長と氏女の相論、時長と心阿の相論のほかに桑折一族内に関わる訴訟が起きていたことを示していると述べられている（小林前掲論文）。まったく的を射た解読であるが、「桑折一族内に関わる訴訟が起きていた」というようにに狭くとらえるのではなく、六波羅まで含まれるということから、但馬の伊達氏との関係が推察されることにより、「伊達一族内に関わる訴訟」とするほうが的確であろう。「伊達一族に関わる裁判資料」をのちの桑折氏が所持していたことは、桑折氏の祖先である親長・時長が伊達一族内の訴訟に関わっており、惣領的な存在であったであろうことを示してはいまいか。この訴訟に現れる時長が、この裁判以後伊達一族の惣領になった可能性もあるといえる。この点についてては後でもう少しふれてみたい。なお、前述した「奥州信士」が政依でなくて時長の可能性がないでもない。しかし、確定できない。

小鎌倉桑折郷

十三世紀後半、伊達氏は鎌倉に惣領として親長がいて、現地の伊達郡にいわゆる「政依」が下向していたと推測することができる。そして桑折郷等は「奥州信士」（政依）らの活動により、満勝寺、光明寺、観音寺、光福寺、東昌寺等が建立され、まさに小鎌倉、宗教都市のごとき観を呈していた。また、東昌寺を関東御祈禱所とすることにより、鎌倉幕府との結び付きを強くしたともいわれている（入間田信夫「中世の松島寺」『宮城の研究』三）。

このような「伊達五山」を中心とする「中世都市小鎌倉」の様子を描いたのが菊池利雄

氏である。『桑折町史』1に伊達氏の城館について「産《うぶ》ヶ沢《さわ》とその周辺」として載せており、それが図9である。氏の解説によると朝宗（念西時長）の墓所は満勝寺跡といわれており、朝宗の居館を彼の死後、寺院に転用したのではないかという。ここから北西方向の山地にある常陸館《ひたちたて》は詰の城ではないかといい、満勝寺跡の北にある倉本館《くらもとたて》は伊達氏の蔵場ではないかと推定している。三代義広が信仰していた等身大の三十三観音を安置するために建立した観音堂が満勝寺の北、中屋敷で、仙台藩で作成した「伊達郡満勝寺古図」で確認できるという。さらに西山城が存在した高館《たかだて》山麓の段丘上に蔵人館があるが、これが政依の居館であったと推定されている。東昌寺は寺の格が筆頭であったが、中屋敷館と常陸館の中間にある古釈迦堂周辺一帯がその寺域であり、のちの安国寺がこの寺であったとされる。光福寺の位置は明らかでないが、産ヶ沢下流域に興福寺という地名があることにより、ここではないかという。なお、光明寺は国見町の福聚寺《ふくじゅうじ》ではないかと推察されている。その他、様々な仏教遺跡が桑折には存在していることが図から知られる。

桑折郷の産ヶ沢を中心とする鎌倉期の都市は、中心となっていた寺院等が梁川、さらに仙台や米沢に移され衰退していった。なお高館（戦国時代は西山城といい、天文の乱で有名である）について、発掘の結果、十四世紀前半と推定される遺物がわずかに出土するのみであることから、この時期にはほとんど活用されていなかったであろうと推定される。

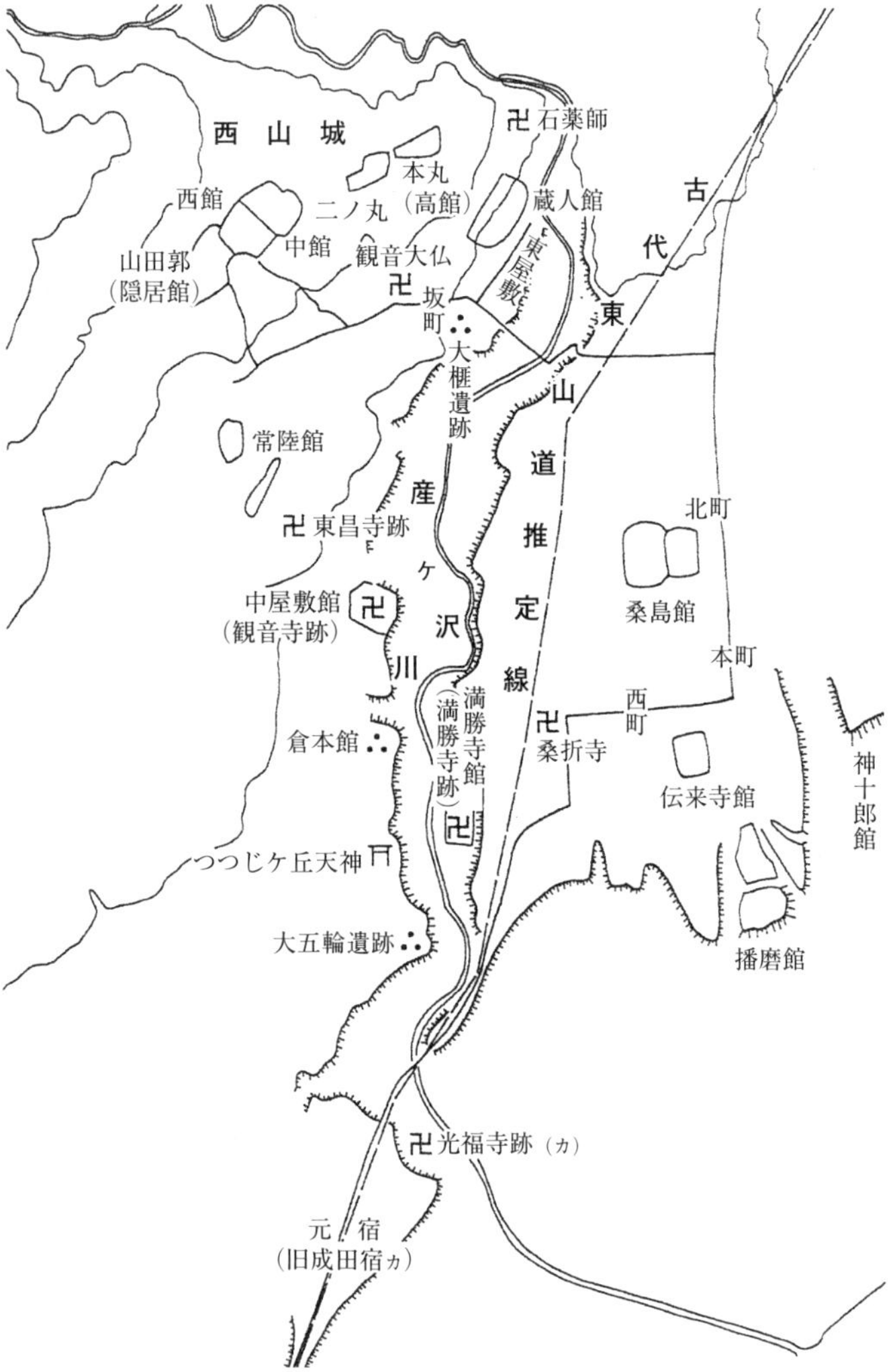

図9　伊達氏の本拠地と見なされる桑折産ヶ沢地域とその周辺（菊池利雄氏作成，『桑折町史』1より転載）

以上、本章においては、鎌倉時代中期における伊達氏の活動を見てきた。この時代の伊達一族について断定的に述べることはできないが、伊達一族の惣領は、『世次考』や諸系図でいわれている「政依」を惣領とする説を排して、「親長」が惣領ではなかったかと推定した。

鎌倉時代の終焉

伊達一族と通称

鎌倉末の系譜と宗綱

鎌倉末期に伊達郡を押さえているのは誰か、奥羽《おうう》の伊達氏についてはよく分からないことが多い。例によって『世次考《せじこう》』の記述を紹介しよう。『世次考』は、伊達氏の五代として宗綱《むねつな》を挙げている。しかしこの宗綱についての記述はほかと比較してきわめて少ない。宗綱は政依《まさより》の男子であるが、系図上はただ一人であるとし、生まれた年月、死去した年、官位、事跡等はすべて不明としている。編者は『中古治乱記《ちゅうこちらんき》』にこれに関わる項目があるが、すべて妄説と排除している。

宗綱についてはふれておかなければならない人物が存在している。それは但馬《たじま》伊達氏の中にいる。伊達氏は但馬国小佐郷《おさのごう》（兵庫県養父《やぶ》市）地頭職を承久の乱以前から得ていたとされ、この地の地頭職所有者を但馬伊達氏と呼んでいる。但馬伊達宗綱は元亨元年（一三二一）十一月十日、子息貞綱《さだつな》に但馬国小佐郷二分一方地頭職を譲り与えている。そして執権北条高時《ほうじょうたかとき》と連署金沢貞顕《かねさわさだあき》が外題安堵《げだいあんど》を行なっている。このように宗綱はこの時期の伊達一族の中に確実に存在し、活躍していた人物である。このことについて小林清治氏は次のように述べている。伊達系図（『世次考』を含む）に見える「宗綱」が実在したとすれば、惣領制の下、但馬伊達と嫡流家とに同時期に同じ名の人物が併存することは考えがたいから、系図の宗綱と但馬の宗綱は同一人物ではないかとし、ゆえあって陸奥伊達の惣領を継いだのではないかと見なすが、しかし、その形跡は見られないとしている。それゆえ、陸奥《むつ》嫡流家に宗綱がいたとは信じられないと小林氏は判断されている。私は後に述べる伊達行朝《ゆきとも》（南北朝初期の奥州の惣領とされる人物）と但馬伊達氏の関係から、同一人物と見なすことの可能性もないわけではないと考えているが断定するような史料は確認できない。

系譜六代基宗

多くの伊達氏の系図では宗綱の次は「基宗《もとむね》」としているが、これも宗綱と同様に『世次考』にはまったく解説がなく、事跡等はすべて不詳である。このように建武政権下で活躍する行朝まで伊達氏の系譜はおぼろげである。戦前、南朝の「大忠臣」として持ち上げられた伊達行朝は建武政権や、南北朝初期に南朝方として活躍しており、確実に実在している人物である。この行朝について羽下徳彦氏は興味深い史料を挙げている（羽下「奥州伊達氏の系譜に関する一考察」『歴史』九・六輯）。

行朝の和歌が勅撰集に入っていることを指摘されたうえ、『勅撰作者部類』にも行朝の名が出てくるという。この書は建武四年（一三三七）に「続後拾遺」までの原形が、貞治元年（一三六二）に「新千載」までがなり、そして正保三年（一六四六）に「新続古今」までの『続勅撰作者部類』が編纂されたという。羽下氏は複雑な書物なのでどこまで中世の事実を伝えているかおぼつかないとしたうえで、「朝村《ともむら》　五位　伊達宮内大輔《くないのたいふ》　孫太郎藤原《ふじわらの》基永《もとなが》男　本名行朝」「宗遠父《むねとお》」とあるという。これが中世の事実を伝えているとすれば、基永―行朝―宗遠という系譜を設定できるという。なお、「朝村」については、同時代の二階堂行朝（行珍）と同名なので、歌集では行朝を朝村にしたとされている。

私がこのことから興味を引かれるのは「孫太郎藤原基永男」、すなわち行朝は「基永」の子であるという点であり、「基永」は「基長」ではないかと推察されることである。『世次考』は伊達氏六代基宗の後継者は行宗《ゆきむね》であるとしており、「初めの名は行朝あるいは行村」とし、さらに「和歌集には朝村となす」としている。『世次考』の編纂者は、伊達氏の通称は「宗」という字を用いるという観念が存在することより、鎌倉時代の伊達氏惣領と考えられる人物の実名《じつみよう》を、三代義広・四代政依を除き、初代朝宗・二代宗村・五代宗綱・六代基宗・七代行宗としている。しかしこれらについてはいずれも確証がなく、これらの実名の中には「初めは……」というように変えられた名前があることはすでに述べた。

「基永」を「基長」と推測することになぜ興味を持つかということについて次に述べたい。鎌倉時代の通称（通字）では、「時」を用いている北条氏が有名である。北条一族はすべて「時」を使用した実名となっている。

鎌倉期の伊達氏の通称

伊達一族も通字として鎌倉時代以来「宗」を用いた実名となっているであろうか。これははなはだ疑問である。

この点、小林清治氏の見解は興味深い。氏は『梁川町史』1（一九九六年発行）では、伊達氏歴代が「宗」を通字とし、実名の下に用いる例は室町期の大膳大夫政宗以後のことであると述べ、伊達氏の初代は時長、二代を為重と断定して、初代朝宗、二代宗村とする説を否定している（二五二頁）。だが、『桑折町史』1（二〇〇二年発行）では、初代を朝宗、二代を宗村とする従来から存在する通説に戻っている（第三編第一章第二節）。このように小林氏にも「ゆれ」があり、鎌倉期の実名を検討することはかなり大変であるが、本書では前者の見解、すなわち鎌倉時代は「宗」を通字としていなかったであろうと見なしている。

鎌倉期に見られる伊達氏の確実な実名は「時長《ときなが》」「親長《ちかなが》」であり、親長の系統に属する一族（南北朝末期に桑折《こおり》と改称）の南北朝初期の人物の実名は「政長《まさなが》」であり、その後について桑折氏の系図は、「宗康《むねやす》」を挟んで「康長《やすなが》」―「頼長《よりなが》」と続けており、戦国期まで

「長」がつく実名が存在している。

さらに伊達氏の庶流である石田氏について見てみよう。石田氏は念西《ねんさい》四男為家《ためいえ》を祖とする家であるといい、伊達郡霊山《りようぜん》石田村に所領を持っていた。この家に関わる石田文書（写本）が知られるようになっている（『仙台市博物館調査研究報告』第15号）。この文書の中に文永十年（一二七三）十月二十二日付尼性阿《しようあ》・家長《いえなが》・為長《ためなが》連署配分状案があり、明確に「家長」「為長」と記されている。さらに嘉元二年（一三〇四）五月二十八日付の伊達宗長《むねなが》の譲状も存在している。

鎌倉時代の東国の伊達氏一族の中で確実に「宗」を通字としているのは常陸伊佐《ひたちいさ》荘に下った為宗《ためむね》のみであり、陸奥伊達氏については確実な人物は存在しない。一方、「長」を実名に付している者は初代の念西時長から始まってかなり多いといえる。これから判断して、鎌倉時代の伊達氏の通字は「宗」ではなく「長」であったと推定されるのである。それゆえ、伊達行朝の父親は「基永（長）」ではないかと想定されるということは、伊達氏の鎌倉期の通字を使用していることより、実在の人物である可能性がかなりあると考えられるのである。しかし、彼が惣領であったかどうかは判断できない。なお、但馬《たじま》伊達氏の惣領の通字は「綱」である。また、鎌倉末期になれば、前述したように、宗綱のような「宗」を通字とする者も現れる。

「宗」が南北朝期に多くなる

南北朝期、行朝の後に「宗」を用いる伊達一族の実名が多くなることも事実である。この点にもふれておきたい。『世次考』によれば、行朝の次に宗遠が伊達の惣領になったとされている。その同時代に伊達宗顕《むねあき》が南朝方として活躍している（このことについては後で述べる）。また、行朝が死去した後にその家を継いだのは子息万寿丸であったが、その代官として伊達修理亮宗政《しゅりのすけむねまさ》なる者も存在している。宗顕と宗政と行朝との関係は明らかにできないが、行朝に近い関係であったと思われる。

のちに桑折氏となる伊達氏も同様に「宗」が見られるようになる。観応三年（一三五二）十月十七日、足利尊氏は陸奥安積《あさか》郡の佐々河《ささがわ》合戦で戦死した伊達左近将監《さこんのしょうげん》（桑折家系図では宗康とされている）の子景宗《かげむね》（『梁川町史』5資料編Ⅱの推定、系図では康長とされている）にたいして感状《かんじょう》を発している（伊達家文書）。ここにも「宗」を実名とした人物たちが見られる。また石田氏も同様であり、石田孫一宗観なる者が南北朝初期に活動している（石田文書）。

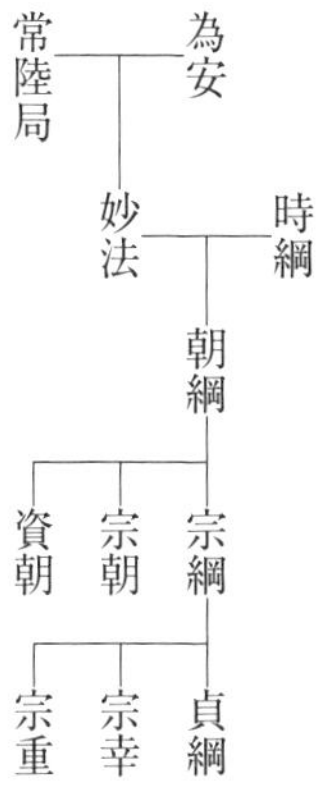

図10　但馬伊達氏系図（現存古文書より小林清治氏作成、『梁川町史』1より）

なぜ伊達氏の通字が「長」から「宗」になって

いったか不明である。だが、大胆な推測もできる。小林清治氏が否定しながらも、但馬伊達氏の宗綱が陸奥伊達氏の継嗣になったのではないかとの推測が、にわかに現実味を帯びてくるような想定である。すなわち、「宗綱」の「宗」を通字とし始めたのではないかということである。実は、但馬伊達氏には「宗」を通字としている人物がおり、通称に近いような形で「宗」が使われているのである（但馬伊達氏の系図〈図10〉を参照）。宗綱の弟の宗朝《むねとも》、貞綱の弟に宗幸《むねゆき》・宗重《むねしげ》らがいるのである。また、一族に宗助もいた。もちろん但馬伊達氏から継嗣を得たとするのは強引に推測したまでであり、確実性があるわけではない。ただし、参考史料としてあげると、行朝や宗遠が但馬伊達氏に関わる系図も存在している。京都大学所蔵駿河《するが》伊達系図で、それには「朝宗―宗村（念西）―資宗（資綱、義広）―時綱―政綱―宗綱―盛綱―行朝―宗遠―政宗」と記されている。

鎌倉幕府の倒壊

南奥の得宗領の拡大

十四世紀になると南奥羽地域も様々な事件が起こってきて、幕府の支配秩序が次第に解体し始めた。有名なものとして行方《なめかた》郡の高村・北田村等の帰属をめぐっての相馬重胤《そうましげたね》と内管領長崎高資《うちかんれいながさきたかすけ》一族の思元《しげん》が衝突した事件があり、長崎一族の強引な企てに結城宗広《ゆうきむねひろ》らも絡んで紛争が拡大していった。鎌倉末期の得宗専制体制の中で、内管領が専権を振るうようになり、大小の争いがそこかしこで惹起してきたのである。北条氏による得宗専制、得宗領の拡大、御内人《みうちびと》の横暴等は、所領を支配している現地の反感をかい、幕府崩壊の引き金になったのである。

奥羽地域は、ことに北条氏や御内人があの手この手で強引に得宗領を拡大したり、私利私欲をむさぼる場となりやすい地域であった。南奥地域でも鎌倉後半には、御家人所領の没収等により、多くの得宗領が拡大していったことが知られている。伊達郡でも例に漏れず得宗領が設定されていた。

建武五年（一三三八）後（閏）七月二十六日付の足利尊氏下文《くだしぶみ》（伊達家文書）によれば、伊達長門守《ながとのかみ》政長は建武五年に尊氏に降伏したのであるが、当時のルールである降参半分の法により、建武政権から与えられた所領と所有していた得宗領の半分を安堵されたのであった。伊達政長は前述した心円《しんえん》の子息時長の孫と推定され、この一族は南北朝末期には桑折氏を名乗るようになった。それゆえ、得宗領は伊達郡あるいは信夫《しのぶ》郡に存在していたものと見なされる。

鎌倉末の伊達一族の動向

どのような経緯で伊達郡あたりに得宗領が設定されたか不明であるが、伊達一族にとっては心地いいものではなかったであろうと推測される。霜月騒動以後に南奥で、じわじわと得宗領が拡大していく中で伊達一族はどのような行動をとったのであろうか。この点については統一的に論ずることは不可能である。

『世次考』が伊達氏の惣領としている宗綱や基宗の時代であるが、史料がほとんど残されていない。あえて他の御家人である結城白川《ゆうきしらかわ》氏や相馬氏らの動きを参考にして述べれば、得宗領が広がるにつれて次第に反北条になっていったであろうことと、鎌倉居住の惣領と現地伊達郡の伊達一族との間に溝ができ、次第にそれが広がっていったであろうことの二点を推測するのみである。

反北条として積極的に関与したものとして知られているのが、「正中の変」の無礼講といわれる密議に加わった伊達三位房游雅《さんいぼうゆうが》である（『太平記』）。しかし、この人物はどのような系譜であるか確かめることはできない。この人物は元弘の乱でも後醍醐天皇のもとにあり、倒幕計画に加わっているのである。伊達氏はこの僧侶から情報を得ていたのではないかともいわれている。だが、『太平記』によれば、元弘の乱で上洛する幕府軍の中に伊達入道なる者もいたことが知られる。この入道は誰であるか不明であるが、鎌倉居住の惣領であろう。後で述べるが、この入道は伊達政長かその父親ではないかと考えている。

倒幕のときの伊達一族の活動を確実に示しているのが、但馬伊達氏の伊達道西《どうさい》（貞綱）である。但馬伊達一族は千種忠顕《ちくさただあき》に属して倒幕軍に加わり、軍忠をとげている。そして、北畠顕家《きたばたけあきいえ》国宣《こくせん》による外題安堵を受けている（「伊達道西安堵申状幷陸奥守北畠顕家外題安堵状」『南禅寺文書』）。関連史料はないが、陸奥伊達氏も同様な行動をとったのではなかろうか。『太平記』に見られる上洛軍の中にいる伊達入道に率いられた伊達一族が、その後に六波羅攻めに加わったことは想像できる。ただ、幕府側に属していた伊達一族がいたことも『太平記』は指摘している。

伊達氏も大きく転換したか

鎌倉時代から南北朝期にかけて、日本は政治・経済・社会等にわたって大きな転換があった。家の滅亡や新しい氏族の興隆、同じ一族内においても惣領と庶子の確執、その交替がいたるところで見られた。伊達一族においてもかなりの変化があったと思われるが、『世次考』は家譜を基宗—行宗（行朝）—宗遠というように淡々と叙述している。果たして大きな変化はなかったのであろうか。

元禄十一年（一六九八）に伊達藩の家臣であった桑折氏が断絶した。このとき、桑折氏が所有していた文書が伊達家に納められた。この文書は『世次考』の編纂者である藩主伊達綱村《つなむら》の強い興味を引いたようで様々に検討されている。それは綱村の覚書（伊達家文書）というような形で残されている。その検討の中で、桑折文書の中にある例の「時長と氏女の相論」について論じ、実名に時長が「長」の字を用いているから、その父親の心円を『吾妻鏡』の中に存在する「伊達左衛門蔵人親長」であると論じたのち、「桑折郷ハ伊達郡ノ府ナレハ、当家惣領ノ外、他人ノ居ルヘキ所トモ見ヘス」と指摘し、桑折氏が桑折郷を所有していることに疑問を呈しているのである。また遊佐《ゆさ》次郎左衛門が書き留めた「覚」にも、綱村の思いが書き留められている。それは「桑折郷は伊達郡の府中にて、たとえ御一門たるといえども、知行《ちぎょう》居住あるべからざる様に思召され候」というものであった。編纂者伊達綱村の言辞から、伊達氏の本流が所持すべき郷を、なにゆえ庶流の桑折氏が知行していたのか、という疑念が読み取れる。この疑念を突き詰めていけば、自分たちは本流でなかったかもしれないということに行き着くはずであった。だが現藩主伊達氏の「正統性」（由緒）を証明する『世次考』であったのでそこまではいたっていない。

私はこの綱村の考えは的を射ているものと考える。すなわち、鎌倉後半期においては、伊達藩主綱村の血統は本流、惣領ではなかったのである。桑折家（南北朝末期に桑折に改名）のほうこそ惣領の血筋ではなかったかと考えている。この点は親長が鎌倉居住の御家人として存在していたことより前に少しふれたが、その点をもう少し補足しておこう。

まず桑折氏は鎌倉時代において通字であったと思われる「長」を代々使い続けていた。だが、すでに見たように系図や『世次考』により伊達本流と見なされる確実な人物たち（藩主の祖先）は南北朝期から「宗」という字を使い始めている。だが鎌倉期には「宗」という通字を使用したという確実な史料は存在しない。これは伊達氏内部で家の継承等で

図11　桑折伊達氏系図（『吾妻鏡』「関東下知状」「桑折家系図」等による推定）

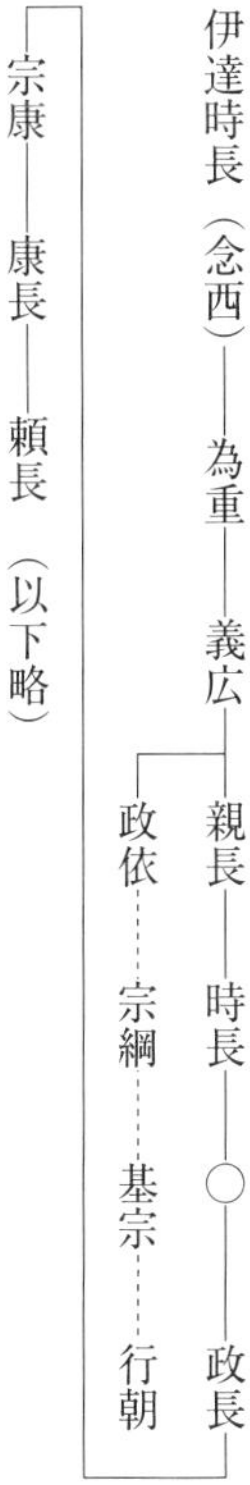

転換があったことを示唆しているように思われる。そして鎌倉時代の古文書等の史料は桑折氏に残されており、近世伊達藩の当主伊達氏にはまったく存在していない。このことも桑折氏の惣領説を補完するものである。鎌倉時代の惣領（「長」を通字とする伊達氏）が桑折郷を持っていたならば、「宗」を通字とする、本来庶流であった伊達氏はどこに拠点・勢力を持っていたのであろうか。それは後で述べるが、伊達郡の隣の信夫郡（現福島市を中心とした地域）あたりではなかったかと考えている。

なお、南北朝期に活躍する行朝の鎌倉末期に関する史料が一点存在している。それは石田文書に関わる目録の中に、「文保二年（一三一八）二月十五日、藤原行朝・藤原胤親《たねちか》在判」の「奥布納証文《おくぬの》」がある（永仁元年〈一二九三〉から文保元年〈一三一七〉にいたる二十五ヶ年分の証文、伊達家文書一八五九―三六―（一））。胤親は石田氏である。連署でどこに「奥布」を納めたか不明であるが、もし行朝を伊達一族の惣領と考えるならば、庶子との関係連名での「証文」を作成することはやや考えにくい。行朝も庶子の一人ではなかったのでではなかろうかと推定される。なお、行朝は南北朝期に「おくのそうりやう」とされているが、この点についてものちに検討する。

以上、「後で検討する」というような保留の言葉をつけて、いろいろ述べてきたが、鎌倉時代末期、惣領である親長系統の伊達氏と、「奥州信士」（政依か）系統か、他の系統か、伊達氏の諸系統の間で惣領をめぐって争いが起き、惣領の交代が起こったのではなかろうかということが推測できるということを示したかったまでである。親長系統が次第に力を失い、庶子系統が勢力を伸ばしていったとも考えられる。これらのことについては次章の「南北朝動乱を乗り切る」でもふれることとする。

南北朝動乱を乗り切る

建武政権の成立と伊達一族

鎌倉幕府の滅亡と新政権

元弘元年（一三三一）八月二十四日、後醍醐天皇は内裏を出奔して笠置《かさぎ》山に入り、倒幕の旗をあげた。元弘の乱といわれるものである。「天皇御謀反」の知らせが鎌倉に届いたのは同月二十九日であった。さらに楠木正成が河内《かわち》国で挙兵したという情報ももたらされた。幕府は急遽大仏貞直《おさらぎさだなお》以下の大軍勢を西上させた。『太平記』によればその数は「二十万七千六百余」であり、そして宗徒の人々（主要な武将）は六十三人いたという。その中に田村刑部大輔《ぎようぶのたいふ》入道らとともに伊達入道が挙げられている。この伊達入道は、通説では行朝《ゆきとも》とも、彼の父親ともいわれている。この点は不明であるが、伊達氏が鎌倉幕府の主要な御家人であったであろうことが分かる。

幕府は笠置で捕縛した後醍醐を隠岐《おき》に流したのであるが、後醍醐は元弘三年二月にこの島を脱出して船上山《せんじょうさん》に立てこもり、諸国に倒幕を命じる綸旨《りんじ》等を発し、畿内は騒然となった。もちろん奥羽《おうう》の諸氏にもこの命が届いた。大変な危機感を持った幕府は四月に名越《なごや》高家《たかいえ》、足利尊氏を大将として再度大軍を畿内に派遣した。しかし尊氏が幕府に反旗をひるがえしたことにより、六波羅探題は陥落し、鎌倉幕府も同年五月二十二日に滅亡した。このように幕府が滅亡し、建武政権が成立していく過程の中で伊達一族はどのような行動をとったのであろうか。

このことについて知られているのは但馬《たじま》伊達氏（但馬国小佐郷《おさのごう》地頭）の動きと、のちに桑折氏となっていく伊達政長《まさなが》に関わる史料である。元弘三年三月二十六日付、千種忠顕《ちくさただあき》御《み》教書《ぎょうしょ》によれば、千種が山陰地方の武士層に支援を要請した中に但馬伊達道西貞綱《どうさいさだつな》が存在していた。これに応じた伊達道西（貞綱）は五月十三日付で、四月八日に弟宗幸《むねゆき》・宗重《むねしげ》らとともに洛中二条大宮での奮戦により負傷し、その勲功についての軍忠状を奉行所に提出しているのである。そして新政権が成立した後に、陸奥《むつ》国の新しい国司となった北畠顕《きたばたけあき》家《いえ》によって、八月に外題安堵状《げだいあんどじょう》が発せられた。但馬国については別に出されたものであろう。さらに十二月五日、上野《こうずけ》国の所領についても新国司新田義貞から安堵されている。なお、同月「伊達宗助後家尼明照代細矢左衛門五郎高光」なる道西の一族と思われる者が、勲功により小佐郷二分一の所領を安堵されたいとの申状を提出している。但馬伊達氏に「宗」の通字が多いことに注意しなければならない。

綸旨での所領安堵

伊達政長には次のような所領安堵の綸旨が発せられた。この綸旨は非常に注目すべきものである。

(別紙端裏書)
「御りんし（綸旨）」

伊達孫五郎政長当知行之地、不可有相違者、
天気如此、悉之以状、
　元弘三年七月五日　　　右衛門権佐（花押）
（伊達家文書）

一見、後醍醐が発したどこにでもある所領安堵の綸旨のように見える。だがこの綸旨で注目すべきは「元弘三年七月五日」という日付である。

後醍醐天皇が念願の倒幕を果たして勇躍入京してきたのは六月五日である。このとき洛中は騒然としていて、市中を押さえていたのは足利尊氏であった。後醍醐は自分が権力を再度掌握し、倒幕を果たしたということを宣言した。それが六月十五日であり、それは「個別所領安堵法」あるいは「旧領回復令」とも呼ばれている有名なもので、綸旨が唯一絶対的な権威（綸旨万能）であると宣言した宣旨《せんじ》であった。従来は綸旨を与えられる資格のなかったような武士にまで綸旨を交付した。そのような綸旨を受けた武士の一人が伊達

政長である。

しかしこの宣言は意図するところを離れて混乱をまねき、次の月七月二十三日に「諸国平均安堵法」と呼ばれる法令を諸国に発布した。それは朝敵の範囲を北条一族とその与党に限定し、当知行地《ちぎょうち》の安堵を中央で取り扱わず、各国の国司の所管とするような布告にして、武士層の不安を抑えようとしたものであった。

伊達政長への綸旨による安堵は、両法令の中間の時期、「諸国平均安堵法」よりかなり以前に出されており、武士への安堵綸旨ではきわめて早い時期に下されているのである。『大日本史料』六編之一を見ると、六月十五日以後、七月初めまでは公家や寺院の所領安堵が中心であり、七月五日付の政長への綸旨の安堵は、武士への最初のものとなっている（ただし『大日本史料』には載せられていない）。この後、九日に茂木知貞《もてぎともさだ》に綸旨で所領が安堵されており（茂木文書）、さらに十七日に相馬重胤《そうましげたね》に同じく安堵の綸旨が発布されている。

しかし、このころの武士の多くは軍忠状を奉行所に提示したり、地方から上洛中の者がほとんどであり、所領安堵状も諸国平均安堵法以後に与えられており、それも前述した但馬伊達氏のように国司によって発せられていることが多い。伊達氏の庶流である石田氏は諸国平均安堵法の官符の写しを得た後、建武元年（一三三四）九月と、同二年二月に陸奥《むつ》の国司北畠顕家に所領安堵の申請をしている。そして、同年三月六日に安堵の陸奥国宣を得ている。後醍醐が直接綸旨で与えた伊達政長への安堵と大きな差があることに注目したい（石田文書「伊達敬仏女子藤原氏安堵申状并陸奥国宣」）。この政長への「旧領回復令」による安堵の綸旨をどのように考えたらよいのであろうか。

まず、伊達政長は後醍醐が六月五日に凱旋してきたときに京都にいたことは疑いない。ということは、上洛した尊氏軍の有力武将として京都に入ってきていたと考えるのが自然である。六波羅探題の崩壊後、大混乱する京都市中で、足利尊氏が設置した奉行所などで、市中取締等の活動をしていたのかもしれない。そこに後醍醐が帰還してきたことにより、政長はすぐさま軍忠状とともに、所領安堵を申請したものと思われる。新政権が成立した直後に殺到した所領安堵等の申請にたいして、後醍醐がどのような順番でそれを裁いていったか詳細は不明であるが、政長は大将である足利尊氏の強い支援を得て、このような所領安堵の綸旨を得られたものと推定される。すなわち、尊氏軍の有力武将の一人であったことが推察されるのであり、伊達一族を束ねている存在であると見なされるのである。「諸国平均安堵法」発布以前に所領を安堵されるという破格の待遇から、政長が伊達一族の惣領であることを疑う余地はない。『太平記』に見られる伊達入道は政長の父親か政長本人であろう。なお、通説で伊達氏の惣領であったと見なされている行朝は後醍醐天皇からこのような安堵の綸旨は得ていない。政長と行朝との間には立場の大きな違いがあったと思われる。

なお、相馬重胤にも「諸国平均安堵法」以前に所領が安堵されたであろうことを示す文書が相馬文書の中にある。元弘三年七月十七日付で、相馬重胤妻（陸奥国三春《みはる》領主田村三河前司入道宗猷の女子）の所領が、惣領重胤の要望によって、綸旨で安堵されている。相馬氏も茂木氏も上洛軍に加わっていて、彼らも洛中で尊氏とともに行動していたのであろう。

伊達郡の得宗領を伊達政長へ

北奥地域で伊達一族が旧幕府の残党と抗争を繰り返し、工藤氏らの所領を得るも、その所有がはかばかしくなかったころの建武元年（一三三四）九月十日に、伊達郡に一通の御教書が下された。

（端裏書）「将軍御教書」

（顕家）（花押）

下す伊達郡

早く伊達孫五郎政長をして領知せしむべき、

当郡内、長江彦五郎跡のこと

右ひと、彼の所を領知せしめ、先例を守り、其の沙汰を致すべきの状、

仰する所くだんの如し、
建武元年九月十日
（伊達家文書）

国衙在庁の役人が国司北畠顕家の仰せを奉じて、袖判《そではん》御教書で、伊達政長に長江彦五郎跡を宛行《あてが》うことを、伊達郡衙《ぐんが》に命じたものである。このときの郡衙の責任者は不明であるが、通説では行朝を伊達の惣領と見なして、彼を郡地頭としている。だが、このとき行朝はどこで何をしていたか不明であり、惣領であるという確証もない。奥羽の郡衙の責任者は北畠顕家の吏僚が多く存在していたことが知られている。伊達郡衙もそのような人物であったかもしれない。この御教書で注目すべきは、伊達郡の得宗領と推定される長江彦五郎跡が伊達政長に与えられているということである。伊達郡の旧幕府与党の所領を押さえたということで、桑折伊達氏の位置を見るうえで重要である。得宗領が与えられているということは恩賞である。

ところが、尊氏が後醍醐に反旗をひるがえしたのち、伊達政長はしばらく南朝方に属していたが、とうとう尊氏に降伏した。そのとき領地を半分にするという、建武五年後（閏）七月二十六日付の尊氏の下文（伊達家文書）が政長に発せられている。そこに「吉野新院の朝恩ならびに得宗領を除く」とあり、後醍醐天皇（吉野新院）から与えられた恩賞と得宗領を除いた所領の半分を宛行うというものである。得宗領を恩賞として宛行われるということについては注視しなければならない。多くの有力者が得宗領を恩賞として宛行われている。このように後醍醐から所領を早期に安堵されたり、所領を宛行われたりしていることは、政長を見るうえで考えなければならないことである。なお、伊達政長一族の凋落は、このように所領を半分にされたことから始まったかもしれない。また、政長が尊氏に降伏したことにより、後醍醐は行朝を伊達氏の惣領とした可能性も存在する。

陸奥国府体制と伊達行朝

北畠顕家、奥羽に下る

後醍醐天皇は所領安堵や恩賞の方針を決定した後、東国や奥羽の支配について重大な決定をした。元弘三年（一三三三）八月五日、北畠顕家が陸奥守に補任《ぶにん》された。北畠親房《ちかふさ》の長男で十六歳の青年公卿であった。しかしそのバックには父親の親房がおり、十月二十日に後醍醐の皇子義良《のりよし》親王を奉じて父親房を伴って京都を発ち、この年の末に多賀国府に到着した。陸奥への出発までの二ヶ月半、顕家・親房は奥州経営について十分に検討し、練り上げたすえに、ある企画を持って奥州に下ったのである。

陸奥国多賀《たが》に到着するや、その企画を全面的に実行し始めた。それは多賀国府に「小幕府」的な支配機構を造り、地方の諸郡には治安・秩序維持のための「検断」機構を置くということであった。前者の「小幕府」的な国府支配体制は次のようなものであった。

奥州

式評定衆

冷泉源少将家房　式部少輔英房　内蔵権頭入道元覚

結城上野入道（宗広）　信濃入道（二階堂）行珍　三河前司親修

山城左衛門大夫（二階堂）顕行　伊達左近蔵人行朝

引付

一番（略）

二番（略）

三番

山城左衛門大夫　伊達左近蔵人　武石二郎左衛門尉

安威左衛門尉　下山修理亮　飯尾次郎　斉藤五郎

諸奉行（略）

（『建武年間記』）

『建武年間記』は作者、成立年代は不明であるが、建武政権崩壊直後にまとめられたと考えられており、建武政権研究の基本史料である。そこにある陸奥国府に関わる当史料はきわめて興味深いものがある。史料に見られるように、陸奥国府の首脳に奥羽の有力武将が名前を連ねているが、結城氏や二階堂氏・武石氏・長井氏らとともに伊達行朝が式評《しきひょう》定衆《じょうしゅう》に補任され、引付三番に抜擢されているのである。

陸奥国府の幹部伊達行朝

この人選は主として誰が行なったかといえば、陸奥国府体制の構想に深く関わったと推定される北畠親房であろう。行朝は親房の意向に適って抜擢されたものと思われる。では行朝と親房はどこで接触があったのであろうか。顕家・親房らがどこの街道を通って奥羽に下ってきたかは不明であるが、その道中で行朝と親房らが逢い、国府首脳に抜擢したというものではなかろう。鎌倉幕府軍として洛中に進軍した軍勢の中に行朝がおり、伊達一族の中の有力な武将であったに違いない。六波羅探題が落ちた後、京都市中で活動していたときに親房らとの触れ合いがあったものと考えられ、そのおりに親房の「お眼鏡に適った」のではなかろうか。

北条氏の与党が活動している北奥羽はいまだ建武政権の支配に属していなかった。建武元年（一三三四）春、糠部《ぬかのぶ》地方に旧幕府勢力の反乱が起こり、二年にかけて、その鎮圧が課題となり、北奥に軍勢が派遣された。その中に伊達一族も含まれており、彼らに北条氏領を与えられたことが見えている。建武元年七月二日、伊達五郎入道善恵《ぜんえ》は糠部郡南門内横溝六郎三郎入道浄円《じょうえん》跡、伊達大炊助《おおいのすけ》三郎次郎光助は八戸地方の工藤氏の所領を、伊達行朝は七戸地方の工藤氏の所領を、さらには伊達五郎宗政《むねまさ》（善恵の子か）も七戸内野辺地をいずれも陸奥国宣で与えられている。また伊達得江《とくえ》三郎蔵人頼景《よりかげ》なる者が岩崎郡徳《とく》宿《しゅく》肥前権守《ひぜんごんのかみ》跡を与えられている。しかし北奥地域の所領は、いずれも円滑に引き渡しが行なわれなかったようである。そしてここに現れる伊達氏と行朝との関係は不明であるが、伊達宗政はのちに行朝の子息万寿丸の代官となっている（鎌倉市図書館蔵「吉良貞家書状」）。これらのことから行朝が惣領であったかどうか判断できないが、宗政は行朝と非常に近い関係にあったであろうと考えられる。

行朝の奮闘と降伏

建武二年（一三三五）になると激動の時代に入っていく。中先代《なかせんだい》の乱が起こり、足利尊氏が建武政権に反旗をひるがえすという事態になったのである。この後、行朝は北畠顕家と行動をともにして、霊山《りょうぜん》から畿内を転戦することになる。上洛する軍勢について、『太平記』巻十九には「結城《ゆうき》入道道忠《どうちゅう》を初めとして、伊達・信夫《しのぶ》・南部・下山、六千余騎馳加る」と記しているが、伊達・信夫の軍勢は伊達行朝に率いられていたと見なされている。顕家戦死の後、行朝は吉野に移り、さらに東国を目指したが暴風に遭い、親房らと常陸《ひたち》東条に上陸し、常陸の伊佐《いさ》に入ったといわれている。彼はさらに奥羽に派遣された北畠顕信《あきのぶ》にしたがって北奥羽でも奮闘したが、不利となったことにより、帰還したものと思われる。

親房と鎌倉府方との常陸合戦の最中に行朝と結城白川親朝《ゆうきしらかわちかとも》との間で、高野郡《たかの》（現福島県東白川郡）をめぐって同じ南朝同士でありながら所領争いを起こしている。長倉合戦の恩賞として宛行われた高野郡を親朝が不法に占拠していると何回も親房に訴えている。親房は所領の交換、すなわち相博《そうはく》を提案するも、親朝は応じなかったようである。そして高野郡は行朝の手から離れていった。常陸合戦前後には足利方に降る者も多く、伊達一族の中でも行朝は次第に少数派になっていった。

南奥の拠点として持ちこたえていた霊山や藤田城も貞和三年（一三四七）八月、ついに陥落した。このあたりで行朝は足利方に降伏したようである。

伊達氏惣領の交代か

行朝とは何者か

「惣領の交代」のような項目を設定することを不審に思う人もいるかもしれない。このとき、行朝は伊達氏の惣領であるのになぜかと疑問を持つと思われるからである。通説はまったくそのとおりであるが、この点についてもう少し考えてみよう。『世次考』では行朝は行宗《ゆきむね》であるとして、「初めの名は行朝あるいは行村」としている。その改名の理由を『世次考』の編者は朝宗《ともむね》公以来「宗の字をもって通称と為し」ているからであるという。しかし、現在残されている行朝の文書はすべて実名《じつみょう》を「行朝」としている。また歌集の検討から基宗《もとむね》（氶）の子かもしれないとされている。

行朝は石田胤親と同様な、伊達氏の庶子ではないかと前に推測したが、行朝が伊達氏の惣領とされているのは次のような史料（南禅寺文書上―五六）が存在しているからである。

先日御札あつかり候処、ひんき《（便宜）》をへす候間、御返事遅々非本意候、
抑当国合戦事、へち《（別）》のしさい《（子細）》なく候間、龍正様悦入候、兼又すりのすけ《（修理亮）》
七郎ためかすの子息《息女》《ミミ》被申候ふね《（船生）》をの郷のうち、さこん《（左近）》の大郎入道
のあち《（跡）》の田さいけ《（在家）》、并おなし《（同）》きわき《（脇）》在家そうてん《（相伝）》のよし候て、
うけとるへきよし申され候、いそいたるへく候や、次とうくん《（当郡）》大もりむらの内、
大きやうが在家一□《（宇）》わき在家ともにさうてん《（相伝）》のよし被申候、
りやうてう《（両条）》ともにもつて不審候間たつね《（尋）》申候、御さうを《（左右）》うけ給ハるへく候、
又ほくせう《（乏少）》に候といへとも一貫文□《（進）》候、そのはゝかり《（憚）》すくなからす候、恐々頓首

十月廿五日　　　　宮内大輔行朝（花押）

謹上　伊達孫三郎入道《（貞綱）》殿

「《（奥書異筆）》おく《（奥）》のそうりやう《（惣領）》の御状」

この書状は発せられた年は不明である。古文書を原文で載せたので少し注釈を付けなければならないであろう。この行朝書状は但馬の伊達貞綱（貞綱については「建武政権の成立

と伊達一族」の記述を参照されたい）から来た書簡の所領に関わる返事であり、さらに不審点について問い合わせたものである。貞綱はすでに建武三年（一三三六）に足利方となっていることより、この書状はたぶん行朝が尊氏に降伏した以後のものではなかろうか（行朝の晩年と見られる）。当国合戦や「龍正様」については不明である。「すりのすけ七郎ためかす」の息女が船生郷（現伊達市）の「さこん大郎入道のあちの田さいけとわき在家」が自分のものであるといっているとし、「いそいたるへく候や」と述べているが、「いそい」は「競い」であろうと思われ、競合（貞綱と所領争い）しているのではないかと不審がっているのである。また「とうくん大もりむら」は、伊達郡には「大もりむら」は見当たらないので、信夫郡の大森村（現福島市）のことであろう（「大もりむら」については後でふれる）。この「大もりむら」の在家についても貞綱の相伝が不審であるといい、この両条について指示を受けたいとするものである。

但馬伊達氏の所領に関するこの書状から、但馬伊達氏と陸奥伊達氏のある程度の「親密さ」をうかがうことができるが、問題は異筆の奥書である。行朝から書状が届いたとき、但馬伊達氏の関係者が、「おくのそうりやう」の状であると書き留めたものと思われる。すなわち、但馬伊達氏側は行朝を奥州の惣領と見ていたことは事実である。もちろん貞綱が但馬の惣領であった。ただ、この異筆の「おくのそうりやう」は、かなり後に書き込まれた可能性も存在し、この当時に惣領とされていたかどうか疑問も残る。

当時、伊達郡桑折郷を所有し、足利方として活動している有力領主伊達政長がおり、彼は長く南朝側であった行朝の惣領による支配には入っていなかった。だが、但馬側が行朝のことを惣領と呼んでいるのはなぜか。北畠親房は「伊達宮内大輔行朝朝臣」などと呼んでいるように、南朝より「四位」という、地方武士にとっては破格の高位に叙せられていた。結城白川宗広《むねひろ》は庶流であったが、後醍醐天皇は元弘四年（一三三四）正月十八日に宗広に綸旨を発して、「結城惣領として、一族中を支配せしむべきのこと」と、惣領に任命しているのである。これは推測であるが、宗広にこのような綸旨を出しているならば、「忠節、他に異なる」（親房の言辞）行朝にも同様な綸旨が発せられた可能性は高いのではなかろうか。

さて、行朝の所領はどこにあったのであろうか。なんとなく伊達郡の郡地頭で、所領もそこにあったと思われているが、確証はない。史料で多く現れてくるのは、北奥糠部郡七戸の不知行地の問題と、結城白川親朝との高野郡をめぐる所領紛争だけである。行朝の本領がどこにあったのか分からないし、その安堵状等も知られていない。伊達郡桑折郷には伊達政長が頑張っていた。ここで推定を可能にするのは「当郡大もりむら」である。「当郡」とは自分がいる郡という意味で、通説では伊達郡と見られているが、「大もりむら」

という地名から信夫郡と見られるのである。このように考えると、行朝は信夫郡あたりを本拠地にしていたのではなかろうか。伊達郡にはまだ「長」を通字とする伊達氏の勢力が強かったと見られる。

行朝の死

伊達氏の菩提寺東昌寺《ぼだいじとうしょうじ》の住持職について、八月六日の日付の吉良貞家《きらさだいえ》の須賀左衛門尉《すがさえもんのじょう》宛の書状がある。貞和四年（一三四八）ころの書状か。

奥州伊達郡東昌寺　今は安国寺　住持職の事、御書の趣、ならびに御奉書の旨に任せて、合体せしむ可きの由、使者を差遣し問答せしむるの処伊達宮内大輔行朝は死去、子息万寿丸幼稚代官伊達修理亮宗政、難儀の由これを申し、請文を捧げ候の間、その子細を注進候、（後略）

今は安国寺《あんこくじ》になっている東昌寺の住持職について、合体（この意味については不明）について伊達氏側と相談したが、伊達行朝は死去していること、子息の万寿丸の代官伊達宗政が反対していることなどが記されている。行朝はこのときには死去しており、たぶん彼は足利方に降伏していたものと見られている。万寿丸は幼少であり、宗政が補佐していたことが知られる。この宗政は行朝と同じように建武元年（一三三四）、北奥に派遣され、同じように糠部郡七戸内に所領を与えられたが、陸奥国府に行朝と同様に不知行化を訴えている。このようなことから行朝の兄弟か、きわめて近い親族と考えられる。そして、万寿丸や宗政のその後のことについては不明である。万寿丸が次の宗遠《むねとお》となったと考えられなくもないが、否定的な見解も多い。

行朝の評価をめぐって

戦前に存在した、建武政権の成立を「建武中興」などと天皇制復活と呼び、後醍醐天皇と南朝側の活動を、皇国史観による非歴史的・イデオロギー的な「皇国日本」の神髄ととらえる歴史においては、伊達行朝といえば、「皇国」の大忠臣として「研究」され、評価されてきたといえる。だが、戦後に至ればこのような評価は消えていき、より客観的に行朝を見るようになっていったが、彼についての研究そのものはきわめて少なくなっていった。

ここではそのような点を踏まえて、行朝を簡単に総括しておこう。まず行朝の血統がどういうものか気になる。どうもはっきりしない。伊達氏であることは疑いないが、『世次考』のように簡単に、「朝宗からつながる伊達惣領家の七代」として、一つの系図につなげることには抵抗を感じるものがある。鎌倉時代の伊達氏惣領の通字である「長」を持つほうの血統との関わりもよく分からない。「長」を通字とする一族の本流と推察される伊達氏（のちの桑折氏）が強力な形で存在しているが、この血統との関わりは不明である。だが、前述したように行朝の父親とされている六代基宗が基永（長）であるならば、何らかの関係があったかもしれない。しかし、桑折の政長はすでに建武五年（一三三八）に足利側となり、行朝らと対抗関係にあった。尊氏により、所領は半分に削られていたが、伊達一族を二分する強力なライバルとして存在していた。

では前述した鎌倉後期に桑折に居住した「奥州信士」系統から出てきたかといえば、こちらのほうが可能性があり、たぶん伊達郡か信夫郡に所領を持つ庶子ではなかったかと推測される。小林氏が推測されているように、何らかの理由で、但馬伊達氏がこの血統の継嗣となったことも考えられ、行朝はこの系譜に属する可能性もある。

それが建武政権の成立で、彼の人生の中で大きな転換が起こったと考えられる。建武政権に抜擢されたことにより、行朝は「おくのそうりやう」となり、南奥だけでなく、畿内や東国、北奥羽等の各地を転戦し、ほぼ一生にわたって南朝に奉仕したのである。最後は足利方に降伏することにより、失意の中で子息万寿丸を代官である伊達宗政に託して死去したものと思われる。

行朝という実名から知られるとおり、「宗」の通字は実名に使用していない。彼の確実な発給文書ではすべて行朝を使用している。以後の伊達氏が「宗」の通字を使用しているのと大いに異なるところである。鎌倉末から南北朝動乱期にかけて、「長」の血統の伊達氏から「宗」の血統の伊達氏に転換していく過程で、行朝は現代の野球でいえば、「長」も「宗」も実名の通字に用いていない「中継ぎ投手」あるいは「ワンポイント・リリーフ」というところであろうか。もしかしたら、但馬伊達氏の系統かもしれないという妄想にもとらわれる。動乱は、他の氏族も同じであるが、一族の力関係を大きく変えていく。だが、この行朝の血統が室町時代初期の伊達宗遠や大膳大夫《だいぜんのだいぶ》伊達政宗《まさむね》に続いているかどうかも確定できない。この点は後でふれる。

動乱期前後に惣領が交代したのではないかと推察する理由を、くどいようであるが整理しておこう。その理由は、㈠『吾妻鏡』の記載の中から伊達親長が惣領と推測できること、㈡鎌倉時代の惣領は「長」を実名の通字としていたのではなかろうかと推定できること、㈢建武政権成立時、政長はきわめて早期に後醍醐天皇から安堵の綸旨を得ていること、㈣行朝の本領が不明で、少なくとも桑折郷ではなかったこと、㈤室町時代から「宗」を通字とする伊達一族には鎌倉時代の史料がまったくないことである。このような諸点から鎌倉時代の惣領は、江戸時代に滅亡した桑折伊達氏（この家が鎌倉期の史料を所有していた）ではないかと考えられる。

奥州管領と伊達一族

北畠顕家が畿内で敗死した後も、南朝から送り込まれた顕家の弟北畠顕信を中心に、奥羽では戦乱が続き、伊達一族にも南朝方として活動する者がいた。また、北畠親房は常陸で幕府に抵抗しており、行朝もそこに一時参加するというような状況であった。

しかし、足利方は優勢なうちに次第に奥羽の支配体制を整備していった。石塔義房《いしどうよしふさ》を奥州総大将に任じ、さらに吉良貞家と畠山国氏《はたけやまくにうじ》の両者からなる奥州管領制が成立し、行朝が死去したころの奥羽は一時安定的な状況であったが、すぐに大混乱に陥っていくのである。中央において足利尊氏と弟の直義《ただよし》との間に抗争が起こり、観応の擾乱《じょうらん》が勃発した。この擾乱はすぐさま奥羽に波及し、直義派の吉良貞家が尊氏派の畠山国氏を攻め殺すという事態となったのである。奥羽の観応の擾乱といわれている（遠藤巌「奥州管領おぼえ書き」『歴史』三八輯）。

このような状況になったことにより、北奥に逃れていた南朝の北畠顕信が息を吹き返し、多賀国府に攻め込み、吉良貞家を追ったため、またまた南奥羽は合戦の坩堝《るつぼ》となったのである。この南朝の顕信軍の中に伊達飛驒前司宗顕《ひだのぜんじむねあき》がいた。この宗顕は、興国二年（一三四一）と推定される五月二十五日付の北畠親房の家臣が結城親朝に発した書状にも、有力な南朝側の武将として現れている。伊達行朝と行動をともにした、行朝にきわめて近い人物であったことは間違いない。

この伊達宗顕はのちに足利方となり宗遠に改名したのではないかとの説も存在している（渡部正俊「南北朝の争い」『梁川町史』１）。しかし、これには京官でない「飛驒前司」という官途がネックとなり、強い否定的な意見が存在する（羽下徳彦「奥州伊達氏に関する一考察」『歴史』九六輯）。宗題が史料上から消えたのは観応三年（一三五二）で、宗遠が現れるのは永和二年（一三七六）であり、二十四年後のことで、ほぼ一世代も間隔が空いている。宗遠への改名はやや不自然さを感じるものである。むしろ親子であるとしたほうが自然であるが、そのようなことを示す確証はない。

一方、足利方の奥州管領吉良貞家の奉行人として伊達内谷民部少輔《みんぶのしょう》なる者も存在している。以上のようにこのころの伊達氏を名乗るのは宗題・宗政・宗遠、さらに行朝子息万寿丸、伊達内谷民部少輔、またのちに桑折氏を称する伊達氏らであるが、誰が惣領だか、誰が庶子だか訳が分からない状況がしばらく続いた。いわば惣領制の解体である。

この中で抜け出してきたのが宗遠である。奥羽の観応の擾乱以後、奥州管領制が解体し、四分五裂になっていった奥羽地域は、国人《こくじん》が相互に支援しあう国人一揆《いっき》の時代に入っていった。そこで存在感を示したのが宗遠である。

さて、かなり無理な推測を重ねて鎌倉時代の「長」の通字の実名を持つ惣領家から、「宗」の通字を持つ一族に惣領が交代したのではないかと推測し、行朝はその転換過程に出現した人物であると推定した。なお、羽下氏は、行朝が登場する鎌倉幕府の倒壊、建武政権の成立・解体の混乱の時代、その中で、伊達氏は鎌倉末期の史料も伝承も失ってしまったのであろうとの仮説を提起されて、伊達の惣領家に鎌倉時代の史料が残っていない理由を説明されている（羽下前掲論文）。

鎌倉府との抗争

国人一揆の時代

悪党宗遠の所領拡大

ドングリの背比べのような中で抜け出してきたのは伊達宗遠《むねとお》である。政治的には奥州《おうしゅう》管領《かんれい》制も解体へ向かい、中央から奥州管領を名乗る者が多数送り込まれ、また管領を自称する者も現れてきた。そして奥州四管領などと呼ばれるような時代となったのである。奥羽の現地ではこのような状況にたいして、武士団は次第に奥羽武士としての自立と自覚が進み、惣領制が解体して、惣領制のような分割相続から、嫡子による単独相続へと変化していったのである。各地に分権的な領国化を目指す動きが現れ、地域的に権力を集中した国人《こくじん》という新しい武士が生まれつつあった。

宗遠は『勅撰作者部類』に「宗遠の父は行朝《ゆきとも》」とされていることはすでに述べた。彼はこの時期に南奥の国人として自立してきたのであり、伊達氏の中では初めての国人と呼ぶにふさわしい人物であったといえる。例によって『世次考《せじこう》』での宗遠についての記述を見ることから始めよう。『世次考』は宗遠を行朝の子とし、母は田村氏で、生まれた年月は元亨三年（一三二三）としており、これらはいずれも系図によっている。そして、文書に見えるとして、彼は父行朝の意思を継いで南朝に忠節をなし、近郡・近国を攻めて城や所領をとったり、長井道広《ながいみちひろ》から出羽《でわ》国長井荘を奪ったりしたので、時の鎌倉管領足利持氏《あしかがもちうじ》（氏満《うじみつ》か）が京都の将軍の命により、近国の諸将に令して「伊達悪党」（宗遠）を退けたと記されている。かなり積極的に所領拡大を行なったのであろう。

この『世次考』の長井荘攻略についての記載はほぼ誤りないであろうとされている。康暦二年（一三八〇）に長井荘鴇谷《ときや》郷の田在家《たざいけ》を石田左京亮《さきょうのすけ》に宛行《あてが》ったりしているからである（石田文書）。さらに長井の成島八幡宮に伊達宗遠の棟札（成島神社所蔵）が存在していることによる（『山形県史』古代中世史料2）。

宗遠は伊達一族の惣領であったか

「駿河伊達文書」の中に次のような興味深い史料が存在している。この文書を作成した人物、その目的、年月も不詳である。注目されているのは宗遠の右肩に小文字で惣領と記載されていることである。

伊達一族名字事

惣領
宮内少輔宗遠　　藤田下野守　　同　信濃守

大藤田美濃守胤景　　石母田甲斐（駿河）守　　内谷民部少輔
山田讃岐守教基　　同橋本□次郎蔵人教清　　宮永図書助重昌
増田摂津守　　今者周防守 増田若狭三郎　　増田尾張守
大枝甲斐守　　新田大善亮　　船宇河内守
湯村兵庫助　　同　左近将監　　同　蔵人
原田土佐守　　上郡山尾張守　　下郡山
子息介太郎 小原丹後入道　　同　柳入道　　牛坂右京亮
山崎大炊助　　志和田兵助　　塩目右京亮
大石近江守　　大石三河守　　同　蔵人
木曽伊与守　　同　外記　　金沢多之助
菅沼久弥

右肩の注は増田若狭《わかさ》三郎について「今者周防守《すおうのかみ》」とあったり、小原丹後入道《たんごのにゅうどう》について「子息介太郎」と書かれたりしている。このような記載から見ると、もともと存在した「伊達一族名字事」なる文書に、後で「惣領」とか「今者周防守」「子息介太郎」等を書き込んだのではなかろうかと推測される。

後での書き込みの時期はいつかといえば、南北朝末期ごろに作成されたと推察されるので、その持つ意義は大きいと考えられる。元のものはいつ作成されたかといえば、「内谷民部少輔《みんぶのしょう》」という人物は、文和元年（一三五二）に吉良貞家《きらさだいえ》施行状《せぎょうじょう》に見えることから、この「伊達一族名字事」は、このころ作成されたのであろうとされている（羽下徳彦「奥州伊達氏の系譜に関する一考察」『歴史』九六輯）。ただ、このころ宗遠が惣領であったとするのは早計である。やはり、次の項で検討する一揆契状《いっきけいじょう》が作成されるころに惣領と称されるようになったのであろう。

そこで『桑折町史』1の記述（小林清治氏の執筆）を参考にして、この文書の意義を検討したい。『桑折町史』によると桑折郷《こおり》をもつ伊達氏（桑折氏）・石田氏・下飯坂《しもいいざか》氏・伊達崎《だんざき》氏・瀬上氏がこの名簿の中に見えないのは、これらの庶子は南北朝期ころまで伊達惣領から独立する傾向にあったという。

『桑折町史』の検討により、この文書からいえることは、宗遠は有力な伊達一族をまだ掌握していなかったことを示すものであることが第一点である。「惣領」と記されたのは、このような有力者を配下に組織した後ではなかったかと思われる。そもそも宗遠は庶子の系譜から出てきたのではないかとも考えられる。

第二点として、伊達郡内の地名を名字に持つ多くの中小の領主層が宗遠のもとに結集していることである。整理すると、伊達郡は、国見《くにみ》町の前柳氏、桑折町の上郡山《かみこおりやま》氏・下郡山氏、伊達町（現伊達市）の志和田《しわだ》氏、旧梁川《やながわ》町（現伊達市）の大枝氏・新田氏・船宇氏、旧霊山《りょうぜん》町（現伊達市）の大石氏らであり、信夫《しのぶ》郡は福島市の増田氏・湯村《ゆむら》氏・塩目氏である。その他、小林清治氏によれば、菅沼氏は伊達郡飯坂、金沢・木曽氏は信夫郡金沢（現福島市松川）であろうとし、小原氏は刈田《かった》郡（現宮城県）南部の領主ではなかろうかと推定されている。そして、伊達氏は南北朝時代の宗遠の世までに二十五の名字による一族を分出し、刈田郡（現宮城県）まで勢力を広めていったと評価されている。

第三点として、惣領とされる宗遠の本拠地はどこにあったのであろうか。通説では、伊達郡桑折西山城近辺にいたのではなかろうかと思われている。小林氏も伊達惣領は「桑折・万正寺《まんしょうじ》」にいたとされている。だがすでに見てきたように、桑折郷は桑折伊達氏が幕府から所領を安堵《あんど》されている地域である。桑折伊達氏との間に主従制が結ばれるようになっていればともかく、桑折伊達氏は独立していたので、宗遠が桑折を本拠としていたとは考えにくい。では、どこであったのであろうか。このことはのちの政宗《まさむね》・持宗《もちむね》との関わりで考えてみることとするが、信夫郡にあったと推測している。

国人一揆の時代と伊達一族

南北朝期から室町期にかけては国人一揆の時代であった。南奥にも多くの一揆契状がある。伊達氏も一揆には積極的であった。宗遠は次のような一揆契状を残している。ただし、この文書は伊達家がもともと所有していたものではなく、近世初期に伊達家が家臣から召し上げたものである。

小沢伊賀守殿と宗遠、一揆同心の事
右向後において者、相互に堅く見継見継がれ申べく候、公方の事において者
一揆中談合有り、沙汰を致すべく候
所務相論以下私の確執に至つては、
理非に任せ沙汰を致すべく候、若し此の条々偽り申し候は者
日本国中大小の神祇、別して者八幡大菩薩の御罰を罷り蒙るべく候
仍つて一揆件の如し
　永和二年八月廿八日　　弾正少弼宗遠（花押）

永和二年（一三七六）八月に、小沢伊賀守《いがのかみ》と結んだ一揆契状であり、確実な史料に宗遠が現れる最初である。小沢伊賀守は田村荘の領主と考えられており、遠隔地の国人領主層が、所領支配等について連携し始めているのである。ここで「公方《くぼう》」については一揆中が

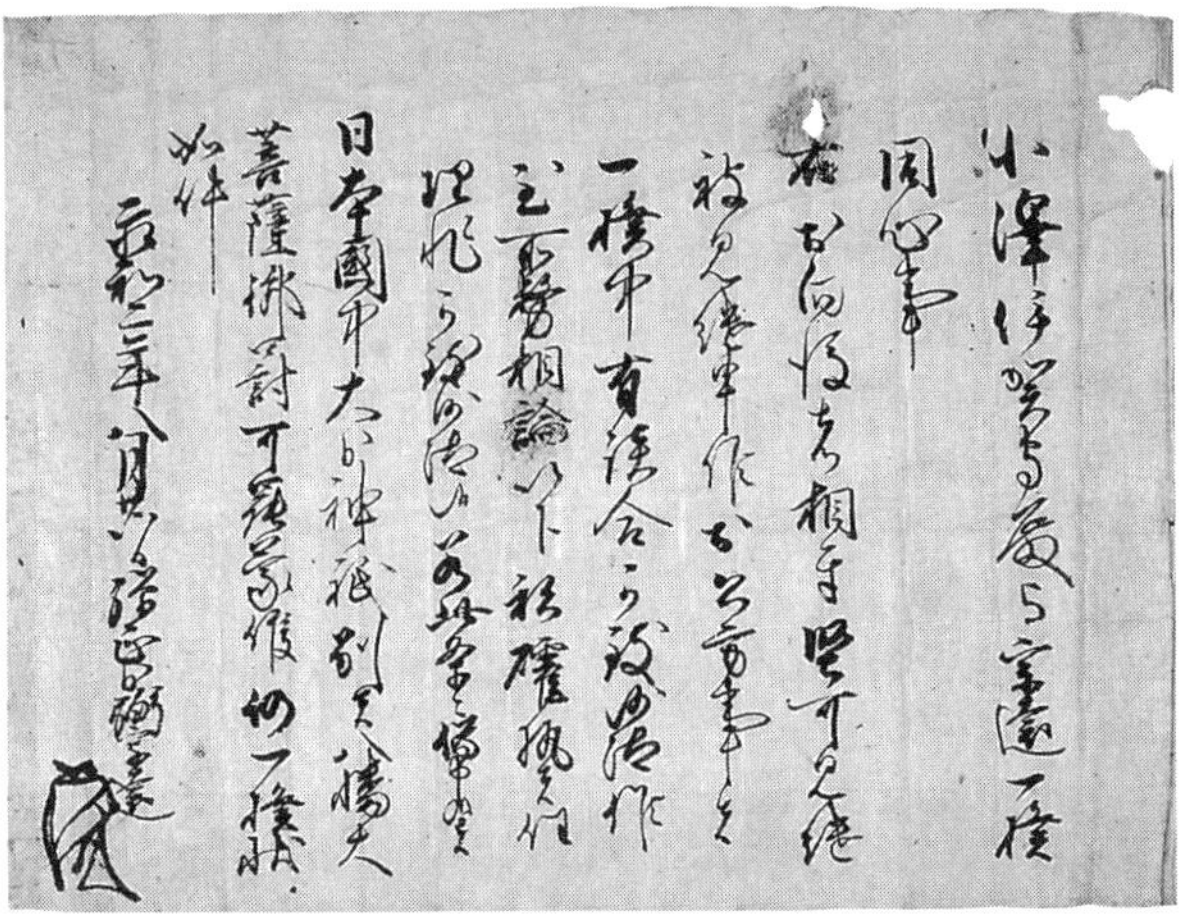

図12　伊達宗遠一揆契状（仙台市博物館所蔵）　宗遠と小沢伊賀守が一揆契約をしている．

談合するとしている。この「公方」とは誰を指すのか。室町将軍と見なすのが普通であるが、この場合は奥州管領である。このころ現地の支配者や有力者を「公方」と称することも行なわれていた。この当時の奥羽は四分五裂の状況であり、吉良氏・石塔《いしどう》氏・畠山氏らが次々と管領と称して奥羽に乗り込んできた。このような奥羽の状況や、中央の統制がきかなくなってきた事態から、誰を管領として認めるかという決定権を国人一揆が持つという、奥羽国人層の強い自立性を示すようになってきたのである。このようなことが次の政宗らの鎌倉府への反乱につながっていくのである。

南奥の国人層と連携しながら、一方では伊達郡を中心に中小領主を組織して次第に南奥の有力者にのし上がっていった宗遠は、伊達行朝と親子の関係であったのであろうか。確定はできない。行朝の子息に万寿丸といわれている者が存在し、その万寿丸が宗遠ということもできるが、行朝の庶子ではないかとの説も存在している。ただ万寿丸の代官で宗顕《むねあき》という者が存在しているが、彼ではないであろう。

なお、文和三年（一三五四）六月廿四付、吉良満家《みついえ》軍勢催促状によれば、奥州管領と称する吉良満家が同じく管領と主張する石塔義憲《よしのり》に敗退して、一時伊達宮内少輔《くないのしょう》館に逃れたとあることより、伊達宮内少輔が宗遠ではないかとも考えられている（宗遠はのちに宮内大輔として見える）。もし、これが宗遠ならば、行朝が死去したころ、幼稚とされている年齢から考えて、万寿丸は宗遠ではありえないといえる。

宗遠の出自

宗遠はのちの時代に作成された古伊達系図や、『世次考』では行朝の子として記載されているが、確証があるわけではない。いえることは、伊達一族の中で、室町幕府に属し、リーダーシップを発揮して、領国経営に歩を進め始めたということが宗遠の功績であるということである。それは『余目記録《あまるめきろく》』によっても知られる。そこに「大崎ニハ両国（陸《む》奥《つ》・出羽）諸侍の御座、前々より相定候、伊達、葛西、南部三人ハ何事も同輩御座ス、一間くちさかり候、前々ハ伊達、葛西より扇たけ御座あかり候、伊達宗冬（遠）威勢を取られ、留守《るす》家助威勢をうしなハれ候、以後留守座一間さかられ候」とあり、伊達宗遠が勢力を拡大していく様子が述べられているのである。いずれにしても、宗遠以後、藩祖政宗につながる血統・系譜が確立されていくのである。

鎌倉府に反旗をひるがえす

もう一人の政宗の登場

系図の中で、宗遠の後に伊達家の中で中興の祖といわれている大膳大夫《だいぜんのだいぶ》政宗が現れてくる。伊達藩の祖である独眼龍政宗は、大膳大夫政宗の名前にあやかって政宗とつけたといわれている。また「宗」の字を下につけるようになったのは、大膳大夫政宗のときからであり、間違いなく、伊達藩主につながる「正統」な血統の最初の人物である。以下、大膳大夫政宗を藩祖の独眼龍（貞山）政宗と区別するとき以外は政宗と記載する。

政宗も国人一揆とともに登場する。永和三年（一三七七）十月十日、伊達政宗は余目参河守《みかわのかみ》（留守氏一族、宮城郡余目を本拠とする）と一揆契状を結んだ。伊達氏は宗遠が田村郡の国人、政宗が宮城郡の国人というように、かなり離れた地域の国人と連携したのであ

図13　大膳大夫伊達政宗（長谷川養辰『伊達家歴代画真』より，仙台市博物館所蔵）

る。

注目するのは、地域の問題だけでなく、一揆契状を結んだ時期である。政宗が結んだ一揆契状の一年前、前述したように宗遠が小沢氏と契状を取り交わしており、親子とすれば不自然な国人への対応である。これをどのように評価するべきか。一つは、このときに伊達氏が円満に世代交替したと見る見解である。もう一つは、権力を分割して南方面の国人への対応に宗遠が、北のほうの地域の国人へは政宗があたったとも考えることもでき、二重権力であったと考えるかである。さらに、三つ目は両者の激烈な権力闘争があったとも推測できる。

最初の見解はありえないであろう。この後も宗遠は康暦二年（一三八〇）十月、石田左京亮に長井荘の田、在家を配分しているし、永徳三年（一三八三）、出羽米沢成島八幡宮棟札に「大檀越《だいだんおつ》弾正《だんじょうの》少弼《しょうひつ》藤原朝臣宗遠」として出てくることが理由である。二番目の見解はどうであろうか。きわめて形式的な思考であるが、このとき宗遠に何らかの事情があって、政宗に一時権限を委譲したとも考えられる。三番目については、史料上はそのような事実は確認できない。たぶん父子の二重権力的な形態であったのであろう。この後、伊達氏は二重権力の構造をとったり、父子相克があったりして、父子の間で複雑・微妙な権力形態が続く。このことはのちに述べる。

宗遠は『世次考』によれば、至徳二年（一三八五）に死去したとされているが、彼のその後の活動が見られないことより、そのころ死んだものであろう。政宗は嘉慶二年（一三八八）、長井荘萩生《はぎゅう》郷内を国分《こくぶ》彦四郎入道に配分したことや、明徳元年（一三九〇）、成島八幡宮棟札に大檀越として載せられていることが確認できる。このような宗遠が死去した後の政宗の動きを見ると、政宗は宗遠が死亡した後に、その遺領を受け継いだとすることができる。たぶん父親の跡を継いだものであろう。そして政宗は、陸奥国賀美《かみ》郡の畠山《はたけやま》国詮《くにあき》の所領を斯波《しば》詮持《あきもち》が押領したことにたいして、それを止めさせる両使として葛西陸奥守とともに派遣されていることより、幕府からの信頼性は高かったものと見受けられる。

奥羽を鎌倉府が管轄する

大膳大夫政宗が伊達家の当主となったころ、周知のように、明徳三年（一三九二）奥羽地域が幕府支配から鎌倉府の管轄になった。鎌倉府は関東地方を押さえるための幕府の出先機関であったが、南北朝動乱末期には足利一族が府を統括し、その主（鎌倉公方）は「関東将軍」と見られるような、独立機関となってきていた。鎌倉公方としては従来希望していたことより、喜色満面というところで、白川《しらかわ》氏に残されている伝達文書（結城神社所蔵「足利氏満御教書」）のように、奥羽の多くの諸氏にもこの件を伝えたものと思われる。伊達氏にも通達があったものと推定される。

鎌倉府の管轄となった理由については小山義政《おやまよしまさ》の反乱を鎮圧させた恩賞だのと、種々いわれているが、一つの大きな原因とされているのは、管領を称する者が複数現れて奥州四管領などと呼ばれたりすることから、奥羽を京都から奥州管領を通して支配することが困難となったことである。現地の国人たちの実力は、南北朝期の分裂的な抗争から、連携する一揆などを通して「公方」の位置をも左右する状況となってきていた。

しかし、一方で斯波大崎氏が次第に管領として一定の力を持ち始めていたことも事実である。この大崎氏がその後の鎌倉府との関係のうえで大きな問題となっていくのである。しかしもっとも大きな台風の目となったのは、伊達政宗である。

篠川・稲村公方の下向と政宗の抵抗

奥羽を管轄するようになると、鎌倉府は代官を下して支配しようとしたようであるが、成功せず、両国の固めとして、鎌倉公方足利満兼《あしかがみつかね》の弟である満直《みつなお》と満貞《みつさだ》を安積《あさか》郡篠川《ささがわ》と岩瀬郡稲村《いなむら》に下すことになった（ただし最初の十年ほどは、稲村公方満貞のみの下向だったのではないかとの説もある）。応永六年（一三九九）春のことである。いわゆる篠川公方と稲村公方である（『鎌倉大草紙』）。

この両公方の下向が、小山氏の乱が治まって以来少し平穏であった奥羽に戦乱をもたらした。この二人が中心となり、数十年にわたって南奥羽に政争と合戦の嵐が吹き荒れたのである。

伊達大膳大夫入道円孝（政宗）・葦名次郎左衛門尉満盛等隠謀の事露顕により、すでに逃げ下るの上は、不日退治を加えらるべき所なり、早く忠節を致すべし、恩賞においては、功により、御計いの状、件のごとし、

応永七年三月八日　(満貞)(花押)

結城参河七郎殿

（結城文書）

この文書は応永七年三月、稲村公方足利満貞が白川満朝《しらかわみつとも》に伊達政宗・蘆名満盛《あしなみつもり》を討伐せよと命じたものである。稲村公方らとの対立は、彼らが下向した後の直轄領をめぐって起こったのである。『余目記録』には、両公方が奥羽に下向するとき、伊達や白川氏らにたいして鎌倉府側が荘などではなく郡を献上せよと要求したことにより、白川氏は鎌倉側に

従ったが、大崎や伊達は反旗をひるがえして鎌倉から自分の領地に逃げ帰ったとされている。

応永七年の鎌倉府への反抗の結果がどうなったか分からないが、政宗らの抵抗が収まらないまま、うやむやのまま過ぎたのではないかと考えられる。というのは、政宗は応永九年春にまたまた反乱を起こしたのである。足利満貞が白川満朝に、政宗を討つための軍勢催促状を発したのは四月十四日のことであり、鎌倉公方満兼が「奥州凶徒」退治のためと称して、鎌倉各地の寺院に、政宗らを討つための祈禱を命じたのは五月三日のことであった。

『喜連川判鑑《きつれがわはんかがみ》』によれば、「五月、奥州ニテ伊達大膳大夫入道篠川殿満貞ニ対シテ逆心、彼ノ追討トシテ上杉《うえすぎ》右衛門佐《うえもんのすけ》氏憲《うじのり》、同二十一日鎌倉ヲ立ツ、（中略）九月、上杉氏憲伊達入道ト赤館《あかだて》ニテ合戦、伊達敗北シテ退散、氏憲鎌倉ニ帰ル」とある。『鎌倉大草紙』も同様な記述である。『鎌倉管領九代記』は、見てきたような文章で、微に入り細をうがって合戦の状況を記している。いずれも赤館に四ヶ月近く籠城して、鎌倉の大軍に抵抗したが、最後は政宗が敗北したというものである。この乱について次のことを確認しておきたい。

政宗が反乱の拠点にしたのが、赤館である。その赤館は『世次考』によれば、伊達郡桑折郷の西山城であるという。のちに伊達稙宗《たねむね》の居城で、天文の乱の中心地となった城（現在高館山と呼ばれている）である。これにより多くの著書は赤館は高館としている（斎藤純雄「室町幕府と桑折」『桑折町史』1）。

赤館は西山城なのか

桑折西山城（高館）は一九九〇年に国の史跡に指定され、「史跡桑折西山城保存管理計画」が策定されるなどして、国の補助を受けて二〇〇八年度より城跡の発掘調査を開始し、二〇一四年まで整備事業を行なった。その成果は『史跡桑折西山城跡発掘調査報告書』として第九次まで発刊されており、二〇一六年には発掘調査の『総括報告書』も出されている。戦国時代の山城を研究するうえで大きな示唆を与えるものとなっており、発掘調査に携わった人たちに敬意を表するものである。

調査報告によると、城の中心部本丸付近は稙宗が本拠にしていたころの様相を示しており、十六世紀前半の遺構・遺物が残されていると指摘されている。一方これに先立つ十三世紀後半から十四世紀前半のものと推定される在地産土器が出土しているという。それについて「出土数がさほど多くないためはっきり断定できないが、その時期に本丸が何らかの生活空間として使用されていたことが判明した」と断じ、この遺物の状況から大膳大夫政宗の居城は西山城で、赤館は西山城（高館）であると推定されている。

十三世紀後半、十四世紀前半に関わる遺物の出土は興味深いものである。ここにこの時期何らかの生活空間があったことは確かであろう。これを政宗が反乱を起こした「赤館」に結び付けるのはやや疑問が残る。というのは十三世紀後半から十四世紀前半の桑折郷は、前述したように「奥州信士」（政依《まさより》とされている）が、この郷で伊達五山を創建し、小鎌倉と呼ばれるような仏教文化が花開いた時代である。このようなことから推定すると、この出土物は「奥州信士」時代の生活空間を示すものとするほうが、自然ではなかろうか。

政宗の時期に関わる出土物が見られないとなると、赤館はどこであろうか。

赤館はどこか

現在「赤館」という地名が残されているのは、福島県内に二ヶ所ある。福島県棚倉《たなぐら》町棚倉の通称館山と呼ばれる所が赤館（赤館城）であった。もう一ヶ所は福島市飯坂町館の山（大鳥《おおとり》城跡とも呼ばれている）の麓にある地名である。棚倉町のほうは可能性がほとんどないので、飯坂町の館の山について考えることとする。『福島県の地名』（『日本歴史地名大系』7）には、大鳥城跡について「福島市」の解説で、大鳥城は保元二年（一一五七）に藤原秀衡《ふじわらのひでひら》が、佐藤基治《さとうもとはる》に命じて築城させたといわれていると述べている。しかし個別の「大鳥城」の項目において、館の山と呼ばれ、平泉政権下、佐藤氏が築城したものかと推察したのち、「東麓の台地上には赤館・中赤館・北赤館の地名が残り、応永年間（一三九四—一四二八）伊達政宗が関東公方足利満兼の軍と戦った際の館跡とも推定される」としている。大鳥城の麓には現在も確実に赤館の地名が残されている（図14を参照されたい）。なお、飯坂は現在では福島市で温泉町として有名であるが、福島市に編入される以前の近世においては、摺上川《すりかみ》を挟んで西の信夫郡の七村、東の伊達郡の七村によって構成されていた。大鳥城は信夫郡側に存在していたのである。

この大鳥城跡も一九六七年、一九九二〜九四年、二〇〇五〜〇七年、二〇一七年の四期にわたって、福島市振興公社によって発掘調査が行なわれている（報告書は『大鳥城跡』4まで、二〇一七年度については「現地説明会資料」、「飯坂大鳥城跡—発掘調査成果から—」等）。調査によれば大鳥城跡は、須恵器生産関連遺構群として窯跡二基、工房跡三軒が発見されており、城跡との二面性が指摘されている。

ここでは城跡の調査結果のみを引用することとする。二〇一七年度の調査では、城跡頂上部平場の遺構を五回にわたり発掘調査した結果、十二世紀段階の遺構・遺物は確認されないことを指摘した後、十四世紀前半に築城し、十五世紀が最盛期であったこと、遺物は十五世紀のものが主で、十六世紀のものは認められないこと、掘立柱建物跡がほぼ全域に分布して、建て替えを繰り返しており、恒久的な居館型山城であるとしている。そして、大鳥城は主に室町時代、かなりの有力者が拠点とした居館型山城として確認されたと断定している。九四年の調査報告（『大森城跡・大鳥城跡』2）でも、ほぼ同様な指摘がなされ

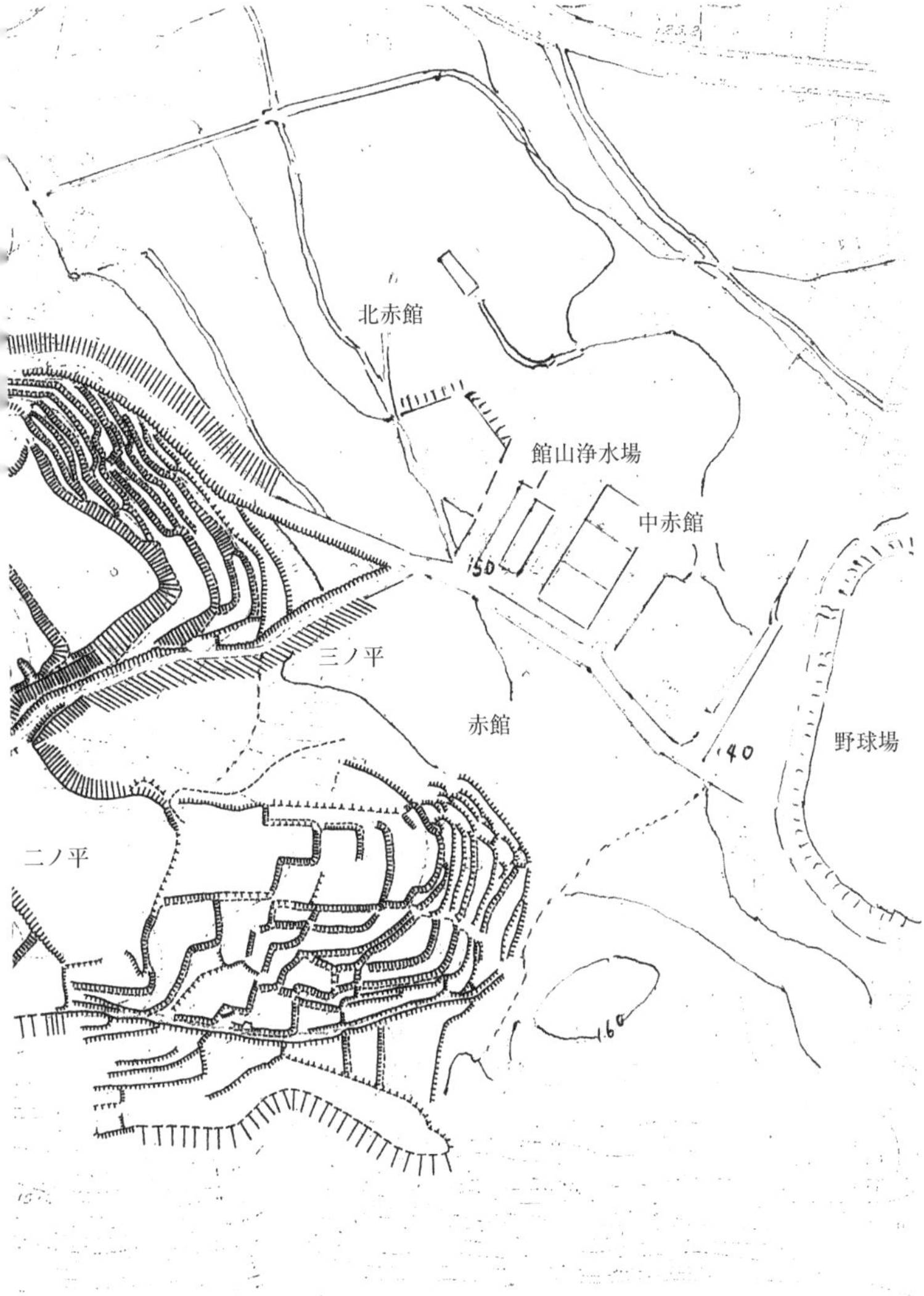
北赤館
館山浄水場
中赤館
150
三ノ平
赤館
140
野球場
二ノ平
160

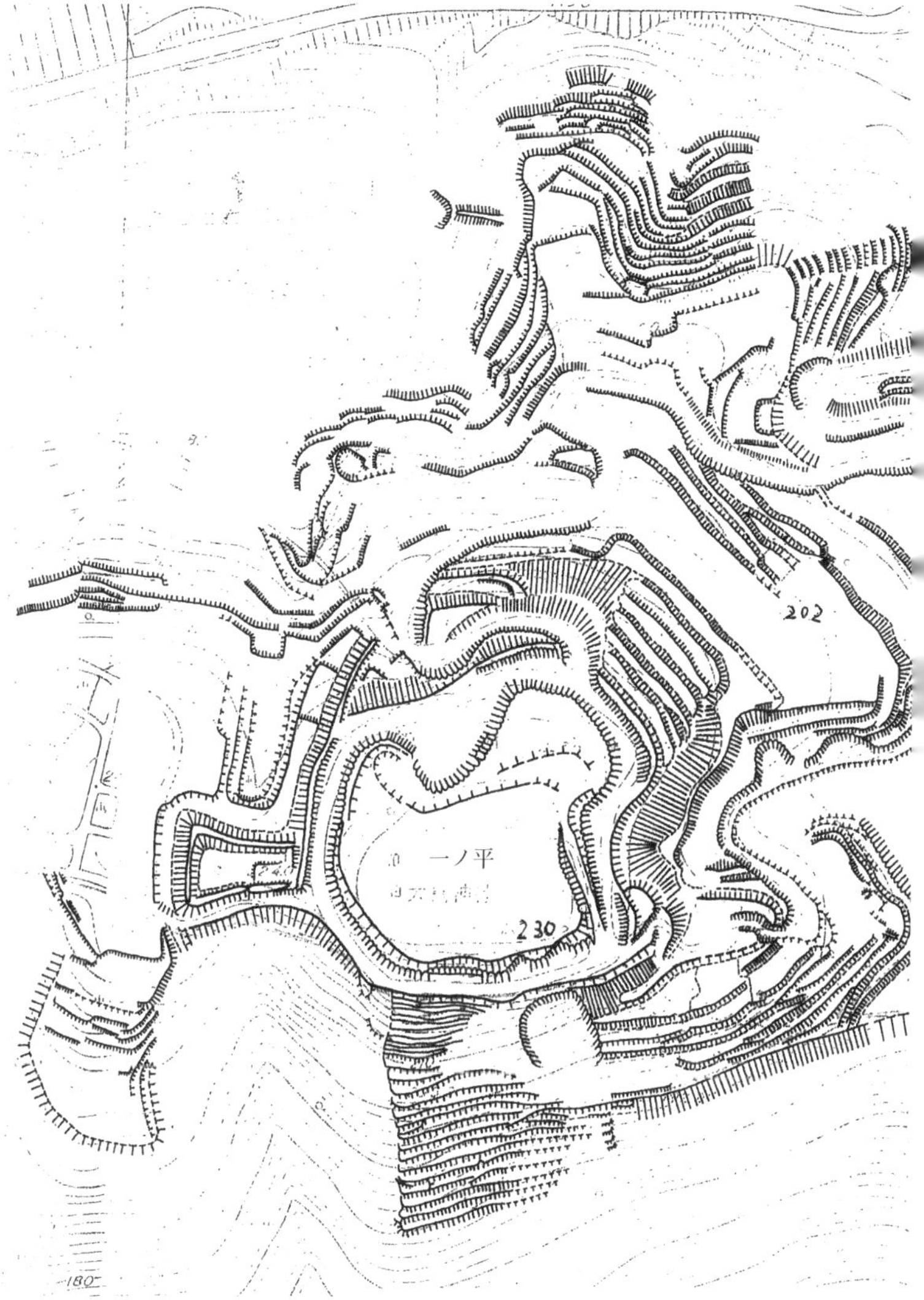

図14　大鳥城縄張り図（平成７年〈1995〉１月調査員作成，『大森城跡・大鳥城跡』２より転載，地名等を加筆）野球場の東側には「館」，その麓には「大門」という地名も存在している．

図15　大鳥城（館の山）遠景（福島市史編纂室提供）

ている。

ここでの問題は、この城の居住者は誰かということになる。『大森城跡・大鳥城跡』2では、「その城主は信夫佐藤清親であったと推断しても大過ない」としている。いわゆる平安末期から信夫郡に勢力を持っていた佐藤氏であろうとしているのである。しかしその佐藤一族は、十四世紀の中ごろの観応の擾乱前後に、伊勢《いせ》国に本拠地を移したことが知られており、十五世紀、室町時代にはほとんど所領を持っていなかった。佐藤氏の居城説は発掘調査結果と合わないといえる。

大鳥城の麓に現在も残されている「赤館」という地名から推して、また桑折郷の高館にこの時期の遺物が見られず、大鳥城跡に十五世紀の多数の遺物が存在している事実は、あえて推察すれば、この城に伊達政宗が立てこもり、鎌倉府軍と戦ったと見なすことが可能となる。付け加えれば、従来の説である桑折高館は本来の本流と見られる桑折伊達氏の本拠地であることより、政宗がそこに立てこもることに疑問を感じるのである。なお、『余目記録』に政宗が敗北した後、鎌倉府軍は信夫庄まで、政宗を追いかけたとの記載も見えている。

政宗は伊達郡桑折郷の隣の、高館（西山城）にきわめて近い信夫郡赤館（大鳥城）に拠ったものと思われる。この推定は、庶子であった行朝・宗遠らの所領が信夫郡に存在していたのではないかと想定する根拠である。この大鳥城の近辺には有力な伊達一族が存在していた。すでに述べた「伊達一族名字事」の中に見られる湯村兵庫助《ひょうごのすけ》・同左近将監《さこんのしょうげん》・同蔵人《くろうど》である。現在の飯坂はかつて湯野村といったが、戦国期の伊達稙宗安堵状案に湯村郷と見えている。赤館（大鳥城）の周辺を伊達一族の湯村氏らが固めていたのであろう。この大鳥城は南北朝・室町時代の典型的な山城であるといえる。なお、近世には丸山と呼ばれていたことが、松尾芭蕉の『奥の細道』によって知られる。

宮代館跡は佐藤一族の居館か

大鳥城は佐藤氏の居館としての可能性は低いとしたが、では佐藤氏はどこにいたのであろうか。それは宮代《みやしろ》館の可能性が高いと思われる。

宮代館は福島市宮代字屋敷畑にあり、飯坂町の南隣、信夫郡の最北端に存在する。宮代は「宮城」で、古代の郡衙ではないかとの考えもある。

この遺跡も一九九七年、二〇〇九年、二〇一三年、二〇一五年に発掘調査を行ない、『宮代館跡』5までの調査報告書（福島市教育委員会・福島市振興公社等）が出されている。それらによると、遺物は平安時代から近世までと年代幅があり、この館が長期間にわたって機能していた可能性があるとしている。その中でも特徴的な遺物としては、「十二世紀中頃から後半に位置付けられるかわらけが、遺構からまとまって出土していることである」としている。そして、「この時期に宮代館が成立・機能しており、ひとつの盛期を迎えていたものと推測される」（『宮代館跡』2）と述べているのである。

出土した遺物のかわらけは、「市内でも初めての良好なかわらけ資料である」と述べている。それが十二世紀中ごろから後半のものと推定されていることより、かわらけが使用されたのは平泉政権下の最盛期のものであることから、平泉政権の有力者であった佐藤氏の居館と推定することは可能である。しかし、断定することはできない。この館は佐藤氏が南北朝動乱の中ごろに伊勢に移った後も、何らかの形で伊達氏関係の館として近世初期ごろまで使用されていたのであろう。

信夫郡と伊達氏

信夫郡赤館と政宗の関わりについて検討してきたが、政宗の孫の持宗と信夫郡の関係も深い。のちに述べるが、持宗は信夫郡大仏《だいぶつ》城（のちの杉目城《すぎのめ》、近世の福島城）に籠城して、応永二十年（一四一三）に、またまた鎌倉府に反抗したのである。この大仏城は現在の福島県庁の所在地である。この時期、大仏城の背後には阿武隈《あぶくま》川・荒川が流れ、断崖絶壁の堅固な城であった。しかし近世に河川の流れが変化して絶壁がかなり低くなってしまっている。

室町初期の伊達氏は間違いなく信夫郡、それも現福島市あたりを本領としていたと推察することができる。もう一つ指摘しておこう。すでに述べた但馬《たじま》国伊達貞綱《さだつな》に宛てた伊達行朝の書状の中にある「とうくん大もりむら」についてである。「とうくん」は信夫郡でこれを信夫郡大森村であろうと推測したが、この推定も上記指摘の一助となろう。

現大森は戦国時代の城館跡として知られている所である。この城は天文十一年（一五四二）ころに築城されたといわれており、伊達実元《さねもと》の居城であった。この城の発掘調査もなされ、調査報告書が出されている。出土した遺物は十六世紀のもので、それ以前は発見されていない。しかし、この城の周辺からは多くの板碑《いたび》が確認されている。年代の明らかなものだけで十基を数えるという。それは、正嘉二年（一二五八）から、嘉暦三年（一三二八）に及んでいる。その中には城の裏口にあたるところにある文永八年（一二七一）の市内最古の逆修《ぎゃくしゅ》供養塔などが知られている。調査報告では、ここは中世において特別な意味を有する地ではなかったのかとされている。鎌倉後半に伊達一族がこの地を掌握していたとは限らないが、南北朝期には伊達氏の所領になっていた可能性は高い。

以上、南北朝時代から室町初期には、庶流と推察される行朝・宗遠・政宗らの系統が信夫郡の北部一帯（現福島市）あたりを拠点にしていたことはほぼ間違いないであろう。本流と推定される桑折伊達氏は伊達郡桑折郷を所持し、室町初期ころはまだ宗遠や政宗らにたいして自立的であった。

政宗と室町幕府

応永九年（一四〇二）、赤館に籠城した政宗は鎌倉府軍七千騎による攻撃を受けたが、四ヶ月ほど持ち堪え、九月に会津に逃げ、鎌倉府軍は鎌倉に凱旋したとされている。だが政宗はすぐに本拠地に戻ったようで、何ら「敗戦」の痛手はなかったようである。なぜすぐに復帰できたのであろうか。それには幕府との関係があったからであると思われる。

政宗と将軍足利義満との間には特別な関係が存在していた。政宗の正室蘭庭禅尼《らんていぜんに》は石清水善法寺《いわしみずぜんぽうじ》通清《つうせい》の女で、将軍足利義詮の妻紀良子《きのよしこ》と姉妹であり、三代将軍義満の叔母である。『世次考』は政宗を「公方義満公の姨《おば》の夫」としている。このように政宗と足利家は縁浅からぬ関係にあったのである。政宗の反乱には幕府側の何らかの支援があったものと思われる。むしろ幕府が積極的に政宗に働きかけたのではなかろうか。稲村公方が奥羽に下向するころ、幕府は斯波大崎氏を奥州探題に任じている。いったんは奥羽を鎌倉府の管轄としたものの、幕府はそれに反する行動をとり始めているのである。それは、鎌倉公方足利満兼が大内義弘《おおうちよしひろ》と手を結ぶなど、反幕府的な動きを盛んにし始めていたからである。政宗の反乱は、のちに起こる幕府と鎌倉府の抗争の前哨戦ともいえる。

政宗の領国化の動き

政宗は鎌倉府軍に敗北したとされるがすぐに復活する。敗北したとされる二ヶ月後の十一月には、刈田郡平沢郷（宮城県蔵王町）の地を国分河内《かわち》入道《にゅうどう》に安堵している。さらに応永十三年（一四〇六）七月晦日に、「伊達政宗袖判花押」という形式をもって「名取熊野堂《なとりくまのどう》へ下さる事書条々」（名取熊野神社文書）を出しているが、実質は「沙弥《しゃみ》聖任」なる者（政宗の代官か）が、政宗の意向を受けて命じているものである。この条々は三ヶ条からなっている。注目すべきは第二条である。

一、公方の御成敗の外に当社の領中に於いて、私として沙汰致す輩出来するにおいては、時を移さず、罰文をもって、衆徒中同心に注進をかかげらるべく候、さらにもって許容あるべからざるものなり

「公方の成敗」のほか、熊野社中で違乱に及んだ者は注進せよとするものであり、私の沙汰を禁止し、公方の成敗を強調するものである。この公方とは政宗のことである。命令を下した「沙弥聖任」が政宗のことを公方と呼んでいるのである。この当時の一揆契状などに「公方の事」という語句が、多く出現する。公方とはもちろん将軍を指す場合が多い

が、一方、在地の身近な上級権力を指す場合もある。この「名取熊野堂へ下さる事書条々」では、将軍ではないことは明らかであり、在地の権力者のことである。在地の権力者は大膳大夫伊達政宗を示していることは疑いない。政宗は自らを公方と称するようになっており、名取郡まで伊達の勢力が及んでいるのである。

在地の有力者を示す史料として『教言卿記《のりとききょうき》』応永十三年八月四日条も参考になる。後小松天皇が「タテ大名」のもとに箏《しょう》を賜ったと記されているが、この「タテ大名」は伊達のことである。畿内でも伊達のことを大名と見なしているのである。

伊達宗遠は山形県方面へ、政宗は宮城県方面へ勢力を広めて、南奥では広大な領地を持つ、有数の大名となっていった。なお、政宗は伊達郡の惣領ともいわれるようになったと推察されていることより、このころには桑折伊達氏や一族の石田氏らもその統制下においたものと思われる。

政宗が死去したのは名取熊野堂への事書を下した後、そう遠くない時期（応永十三年後半から十四年三月ごろ）のことと推定されるが、政宗の死にたいして、将軍足利義持はその死を悼んで弔歌を送ったという。

もののふの跡こそあらめしきしまの
　道さへ絶えん事ぞかなしき

『世次考』によれば、「紺紙《こんし》金泥《きんでい》法華《ほけ》経《きよう》一部」を賻《ふ》し（死者の家に賜って喪を助けること）、この和歌をそえて遣わしたという。

伊達一族と室町幕府

伊達持宗の時代

大仏城での反乱

政宗《まさむね》の跡を継いだのは氏宗《うじむね》である。氏宗は鎌倉公方足利氏満《あしかがうじみつ》から「氏」の一字を与えられ、氏宗と名乗った。『世次考《せじこう》』によれば、応永十九年（一四一二）に死去したという。家督を継いでから死までの期間が短いので、史料としては国分河内《こくぶかわち》入道《にゅうどう》にたいする安堵状《あんどじょう》が一点残されているのみである。

次の持宗《もちむね》はかなり長期にわたり家督を掌握して、幕府との連携を強めながら、奥羽《おうう》の領国大名になっていく伊達氏の基礎を固めた一人である。彼の時代は幕府と鎌倉府の抗争がもっとも激しく、幕府派として存在感を示しながら所領支配を強化していった。

持宗は幼名は松犬丸といったが、その松犬丸と称していた時代に懸田播磨守定勝《かけだはりまのかみさだかつ》とともに、またまた鎌倉府にたいして反抗の狼煙《のろし》をあげた。今度は信夫《しのぶ》郡大仏城《だいぶつ》（福島市、現県庁所在地）に立て籠もった。懸田氏は伊達郡の国人《こくじん》である。応永二十年のことである。『喜連川判鑑《きつれがわはんかがみ》』によれば、「（応永二十年）四月十八日、二階堂信濃守《にかいどうしなののかみ》・信夫常陸介《ひたちのすけ》ガ方ヨリ、伊達大膳大夫《だいぜんのだいぶ》入道ガ子（子ではなく孫である）松犬丸、懸田播磨守定勝入道玄昌卜相議シ、大仏ノ城ニ楯籠ル由、告来ル」とあり、鎌倉府は討手の大将として畠山修理大夫《はたけやましゆりのだいぶ》（国詮《くにあき》）を差し向けたので、十二月二十一日に落城したと記されている。この乱に関して鎌倉公方足利持氏《もちうじ》の白川満朝《しらかわみつとも》宛ての「畠山国詮等への合力」を命じた軍勢催促状が二通残されている。なお、二階堂信夫常陸介は信夫郡に所領を持っていた武将であり、畠山氏は二本松に拠点を持つ国人で、南北朝期には奥州管領《おうしゆうかんれい》と称していた。

図16　伊達持宗（長谷川養辰『伊達家歴代画真』より，仙台市博物館所蔵）

一件落着したように見えるが、一年半ほど後、足利持氏は長沼義秀《ながぬまよしひで》に、畠山国詮に合力して太郎丸《たろうまる》城（本宮町内）の合戦に行くように命じているが、まだ松犬丸の反乱の余燼《よじん》がそこかしこに残っていたのではなかろうか。なお、この乱に篠川《ささがわ》・稲村《いなむら》の両公方がどのように関与したかは不明である。

政宗・持宗の反乱前後の南奥情勢

その後、正長元年（一四二八）まで、伊達氏の動きはあまり知られていない。この間、関東では大きな波乱が展開していた。上杉禅秀《うえすぎぜんしゅう》の乱である。禅秀の乱、この後の鎌倉府と東国の豪族層との対立、幕府扶持衆《ふちしゅう》の動向などは、渡辺世祐『関東中心足利時代之研究』等でかなり明らかにされている。

鎌倉から鎌倉公方の弟（満直《みつなお》・満定《みつさだ》）が奥羽の押さえとして下向《げこう》してきたころ、国人が連携する一揆の時代となってきていた。福島県中通り（仙道地域）では、応永十一年（一四〇四）安積《あさか》郡とその近隣の地域を中心とした国人二十名が一揆を結成し、「仙道国人一揆」と呼ばれる強力な国人集団が結成されていた。また、当時海道《かいどう》地域と呼ばれていた福島県の浜通りでも、岩城《いわき》・岩崎・楢葉《ならは》・標葉《しねは》・行方《なめかた》の国人十人が同じく一揆を結成した。これらの一揆の特徴は、「私の所務相論（所領争い）」の解決と、「公方・上意のこと」にたいする「談合」や連携について述べていることである。

「私の所務相論」はともかく、「公方・上意」にたいしては、幕府と鎌倉府の相克が見られる中、国人が単独で簡単に動けるような状況ではなかった。また鎌倉から下向した稲村・篠川の両公方も同じく行動を制約されていたものと考えられ、鎌倉府への伊達持宗の反旗にたいしても積極的に対応できなかったものと推定される。

禅秀の乱では、伊達一族の動向が見られない。『鎌倉大草紙』等によれば、奥州では蘆名《あしな》・白川《しらかわ》・石川・田村・南部・葛西・海道四郡の国人らが禅秀方に参加したとされている。また、応永年間ころまでは、伊達氏は京都扶持衆としても現れない。大仏城での反乱以後、この時期はまだ松犬丸は幼少であったことより、彼を補佐する者たちが所領支配の安定化に努めていたものと考えられる。

幕府との密接な関係

将軍が足利義持から義教になったころから、伊達氏の名前が京都側の史料（『満済准后日記《まんさいじゅごうにっき》』等）に頻繁に登場するようになる。そこで幕府と伊達氏らの関係、交渉を整理しておこう。幕府と鎌倉公方足利持氏の抗争に伊達氏が関わる史料は正長元年（一四二八）十月二日から始まる。鎌倉の持氏は密かに自分が室町将軍になることを期待していたが、義教が還俗《げんぞく》して第六代将軍に就任したことより、持氏は兵を率いて上洛しようとしたといわれているように、幕府と鎌倉府の関係は急速に悪化していった。

十月二日、将軍義教は奥州篠川・伊達・蘆名・白川・懸田・河俣・塩松の諸氏に御内書《ごないしょ》を下したという（『准后日記』）。彼らは幕府を支援する京都扶持衆である。この内容は不明であるが、対立を深めつつあった鎌倉公方持氏を牽制するものであろうと推測される。

同月二十五日には、上述の国人に加えて、浜通り（海道地域）の岩城氏ら十二人に義教の御教書が発せられている（『准后日記』）。さらに十二月二日、伊達持宗宛てに義教の御内書が書かれた（昔御内書案）。その内容は篠川公方満直が関東に進発するようならば、ただちに出陣して彼の指揮に従うようにとするものであり、一触即発の状況を示すものであった。

正長二年二月二十一日には義教のもとに篠川の満直や国人らの「請文《うけぶみ》」（了承の返書）が届いた（『准后日記』）。さらに、六月三日に義教は篠川や伊達・蘆名ら十三名に御内書を遣わした。それは下野《しもつけ》国那須家の内紛と、鎌倉府方の相馬《そうま》氏と対立している白川氏を持氏が討とうとしていることに関してであった。同年九月二日、二十三名の請文が幕府に届けられた。この間、前に死去した将軍足利義持の遺品が篠川満直・伊達・蘆名・白川・石橋の各氏に贈られた。幕府が元将軍の遺品を、奥羽の大名（国人）に贈るということはきわめて異例であるが、幕府側の切羽詰まった意向が伝わってくる。

永享二年（一四三〇）九月ごろ、伊達持宗の働き、仲裁等により、白川氏と相馬氏の抗争がいったん終了する。そして永享四年七月に足利持氏と将軍義教の和解が一応成立した。しかし、両者の烈しい性格より、これで平和が保たれ続けるというわけではなかった。

永享七年に至ると、鎌倉と京都は決定的な決裂状態に入っていった。幕府による鎌倉府の制圧は時間の問題となってきたのである。

足利持氏の敗死と結城合戦

　永享十年（一四三八）八月八日、幕府管領細川持之《ほそかわもちゆき》から伊達持宗以下十二名に、篠川満直の手に属して上杉憲実《のりざね》を支援せよとの奉書が届いた。

　京都と鎌倉は最悪の状態となっており、戦闘は避けられないものとなっていた。そして十四日に伊達持宗宛てに、関東管領上杉憲実が鎌倉から下国したならば、時を移さずに鎌倉に発向せよとの奉書が下された。

　足利持氏と上杉憲実の対立は抜き差しならぬところまできており、憲実は八月十四日に鎌倉を出奔して越後へ逃れ、積極的に軍勢を集め、鎌倉を奪還するよう画策した。幕府はこれに呼応して各地の国人に憲実を支援するよう命令を下したのである。持氏はこのような状況に抗すべくもなかった。そして永享十一年二月十日、鎌倉永安寺《ようあんじ》で自害した。

　永享十二年三月、持氏の遺児春王・安王が結城氏朝《ゆうきうじとも》に擁立されて結城城で反憲実の旗揚げをし、東国各地の武士に挙兵を呼びかけた。翌嘉吉元年（一四四一）四月に落城したが、このときに、『結城戦場物語』によれば、伊達氏は出兵したとされている。

関東大乱と伊達持宗

　結城合戦が終わった直後に、南奥羽でも変化が起こった。篠川公方満直が南奥の諸氏によって殺害されたのである。この事件に伊達氏は関係していなかったようであるが、このころから奥羽は弱肉強食の時代に入っていき、

激しい勢力争いが展開されるようになった。大崎氏が奥州探題《おうしゅうたんだい》、最上氏が羽州探題とな
っており、探題を中心とする形式的な政治秩序は存在していたが、次第に両探題ともに名
目上の地位となっていった。伊達氏は奥州探題大崎氏の内紛に介入したりして、南奥羽で
強大な勢力を築いていった。

一方、関東では結城合戦の後、鎌倉府が再興されて持氏の子成氏《しげうじ》が文安四年（一四四
七）鎌倉公方となったが、上杉氏らと対立して合戦が始まり、享徳三年（一四五四）末、
成氏が関東管領上杉憲忠《のりただ》を殺害したことにより、東国は動乱の時代となっていった。この
動乱を関東大乱、あるいは享徳の乱といい、下総古河《しもうさこが》に逃れた成氏を古河公方と呼んでい
る。

幕府は古河公方成氏を討つために、何度も南奥の諸氏に御内書を発して彼の討伐を命じ
ている。しかし、南奥の諸氏は討伐のための出兵にはきわめて消極的であった。たとえば、
寛正元年（一四六〇）十月二十一日付伊達持宗宛ての足利義政御内書で「成氏刑罰の事、
度々仰せ遣わさるるの処、永き確執により、いまだ出陣せざるの由聞こしめされ候、（中
略）不日一揆等を相催し、進発せしめ、戦功を抽《ぬき》んずれば、勧賞《けんじょう》を行なうべく候也」（御
内書案）と、関東に伊達が出陣しないため、至急進発するようにとの軍勢催促を行なった
ものである。同趣旨の軍勢催促の御内書は伊達以外にも、塩松（石橋）松寿・二本松七

郎・白河（川）修理大夫・懸田次郎・小峰下野守・猪苗代刑部大輔《ぎょうぶのたいふ》・二階堂次郎・安積右兵衛尉《うひょうえのじょう》・国分備前守《びぜんのかみ》・石川一族中・信夫一族中・蘆名下総守・相馬治部少輔《じぶのしょう》・岩城下総守・岩崎修理大夫・標葉伊予守《いよのかみ》・楢葉常陸介・田村次郎・田村一族中に出されている。

これ以前の同年四月二十一日に伊達・塩松・二本松・石川・白川・蘆名の諸氏に御内書を下して軍勢催促を行なっているが、南奥羽の国人層は幕府の命令にしたがって積極的に軍勢を動かしたような気配はない。奥羽に関しては、幕府の政治秩序、支配統制は崩れてきてしまっている。奥羽は戦国時代に入り始めているのである。

小京都梁川と上洛

伊達郡梁川へ

持宗は幕府と連携しながら活動し、奥羽の室町大名として雄飛し、発展していったのであるが、持宗の居城、本拠地はどこであったのであろうか。大仏城で鎌倉軍と戦った後、十数年にわたって持宗の消息がとだえていることはすでに述べた。もちろん持宗が松犬丸と呼ばれるような幼少であったことより、成人するまで積極的に活動することができなかったともいえよう。このような期間がほぼ十五年ほど続いた。この間、越後《えちご》方面へ軍を進めたとするような活動を示すものもあるが、基本的には領内の掌握を優先し、幕府との連携を模索していたものと思われる。『世次考』は年月は分からないが上洛し、将軍足利義持に謁し、一字拝領して持宗と名乗ったとしている。彼は領内の統治を考えてなのか、居城を伊達郡梁川《やながわ》に移したと推測されている。

『世次考』によれば、持宗が応永三十三年（一四二六）三月二十九日に梁川八幡宮を造営したとし、それは八幡宮の棟札に見えているとしている。さらにこれが亀岡八幡ではないかとして、大仏城が焼亡した後、居城を梁川に移した後に再興したものであるとの説を紹介している。『世次考』の推察どおり、持宗は応永年間の末ごろまでには大仏城から梁川に拠点を移していたであろう。また嘉吉元年（一四四一）には、祖母（政宗の妻）蘭庭《らんてい》禅尼《ぜんに》の願いにより、後花園天皇の宸筆《しんぴつ》の額を賜って、金剛宝（峰）山輪王禅寺《りんのうぜんじ》を開いたと『世次考』は記述している。

梁川城

伊達氏の館である梁川城は、持宗時代から稙宗《たねむね》が西山城に移転するまで本拠として使用されていた。その城を取り巻く寺院や屋敷は、越前一乗谷の朝倉遺跡や西国の雄大内氏の城下にも匹敵するような遺跡で、京都などから当時の華やかな文化が移入されてきていた。そこは十五世紀に活動した奥羽大名の本拠地として、見事な構図を我々に示している。だが現在では市の再開発でかなりの部分が記録上のものとなってしまっていることは残念である。しかしそれでも、梁川城をとりまく中世遺跡はきわめて豊かであり、多くのものが残されている。

梁川城について、伊達市教育委員会は二〇一一年から二〇一六年まで、国庫補助を受けて発掘調査し、詳細な報告書が出されている。これ以前に一九七五年に庭園復元のための調査、復元事業も行なわれている。室町的な館跡である梁川城は、北側を蛇行しながら西流する塩野《しおの》川、南側を流れる広瀬川によって区画された標高五〇〜六〇<ruby>メートル</ruby>ほどの河岸段丘上に立地している。

梁川城跡の調査結果等の概略を引用すれば、室町期の伊達氏の館は、約一二〇メートル四方の方形を基調とした館跡（平山城）であり、周囲は土塁や堀によって区画されていたと見られ、館内には庭園が二つ以上配置されていた（復元されている）。その前面には「心字の池」と呼ばれる中島を持つ池が配置されており、この館内の庭園は十五世紀後半以後に、伊達氏によって作庭されたものに間違いないと見なされている。浅野二郎氏は池・庭園が作庭された時期は伊達成宗《しげむね》時代が有力であるが、持宗の時代に祖形の庭園がつくられ、成宗時代に拡充・整備された可能性もあるとされている（「梁川の中世遺跡」『梁川町史』1）。

『梁川城跡総合調査報告書』によれば、出土したかわらけなどから十二世紀段階から武家の館、あるいは宗教施設として利用されてきていたと推測されるとしている。しかし、十三世紀後半から十六世紀中ごろまで伊達氏が使用してきたものとされるが、十三、四世紀は出土物が少ないために不明な点が多いので、伊達氏館の概要を把握しうる段階は、かわらけ等の出土物が多くなる十五世紀以降になると判断している。これらのことから梁川城は守護館的な構造であったことを示しているが、十五世紀末から十六世紀初頭に火災が

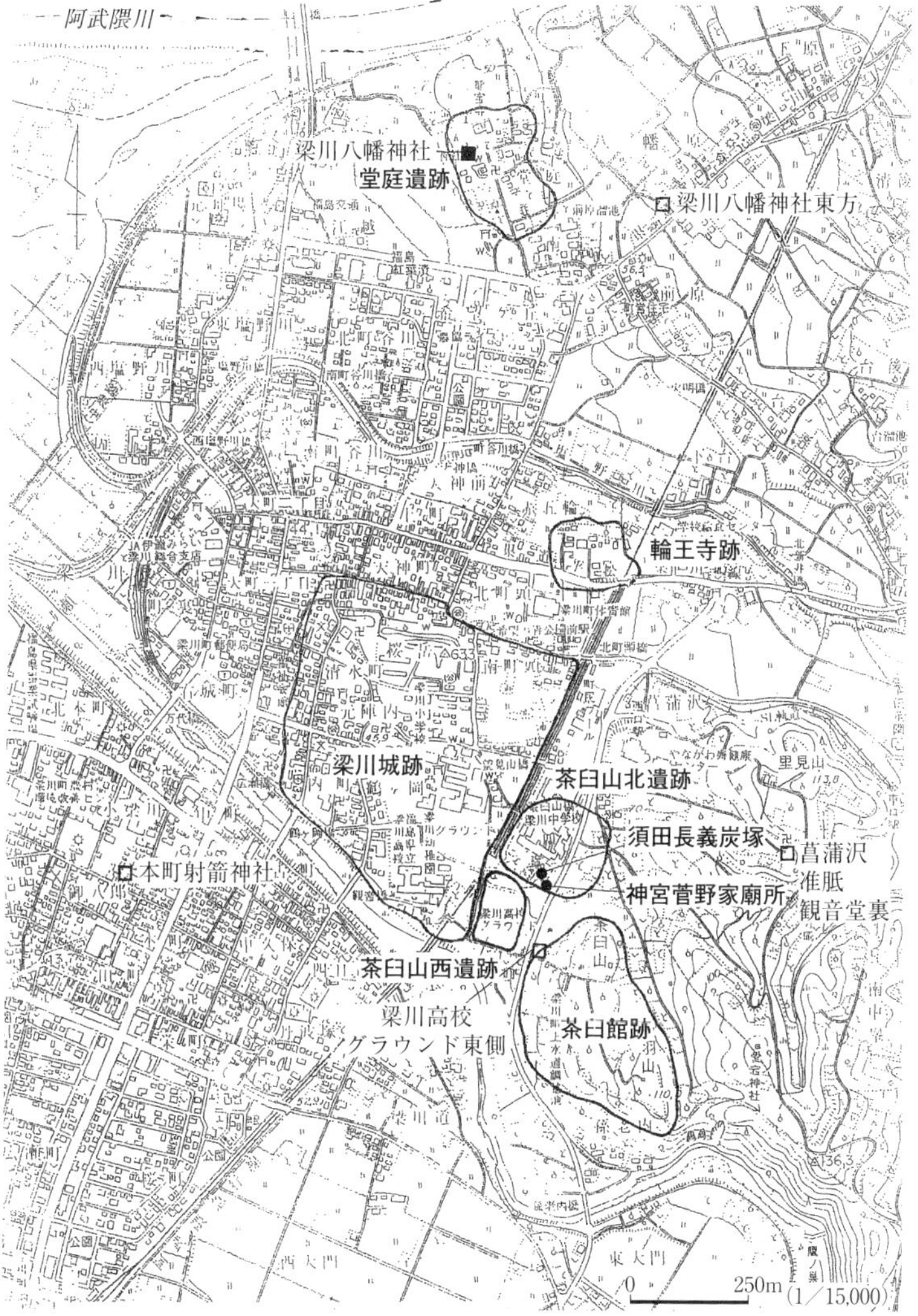

図17　伊達氏館と周辺の遺跡（「伊達氏と庭園」〈平成27年度伊達市歴史文化講演会報告書〉より転載）

図18　梁川城本丸庭園跡　復元された心字の池（伊達市保原歴史文化資料館提供）

起こっている痕跡があるという。

二の丸跡と三の丸跡も存在しているが、二の丸跡は近世の上杉時代のものと推定される。三の丸は出土物の大半は十五世紀から十六世紀前半のものとされており、梁川城の一部であったことが知られている。

関連施設の跡　城と関わる遺跡である東《とう》昌《しょう》寺《じ》跡と伝えられている「茶臼山《ちゃうすやま》西遺跡」についての発掘調査もある。ここは政依《まさより》が創建した東昌寺跡の可能性もかなりあるが、おおむね十四世紀後半から十五世紀を中心に繁栄し、十六世紀前半に火災にあったのではないかとしている。「茶臼山北遺跡」なる遺跡も調査され、『梁川町文化財報告書第一九集』として同町教育委員会より出版されている。この遺跡は地元では「常栄寺跡《じようえいじ》」といわれていた所であり、この常栄寺は、「輪王寺系譜」によると、輪王寺の初代住職太菴梵守《たいあんぼんしゆ》が梁川で創建したものであると伝えている。この寺は曹洞宗の奥州での発展を知るうえで重要な遺跡ではないかといわれている。さらにこの遺跡から二〇〇㍍《メートル》ほど南の所に茶臼山館が存在していた。この遺跡から百数十棟の建物跡の存在が明らかになり、それは侍屋敷であるとされ、さらに町屋敷も存在したのではないかと推定し、城の東側が侍屋敷・町屋敷と寺院であったことに注目している。そして茶臼山北遺跡からの主たる出土物も、他の遺跡と同様に、十五世紀から十六世紀前半が盛期であると指摘している。

輪王寺跡については、発掘調査の結果、南辺を除いて三辺に土塁を築き、長方形の単郭であったことがわかっている。東西三〇〇㍍《メートル》、南北二四〇〜二七〇㍍《メートル》であり、土塁と堀に囲まれていた。この寺は出土物から見て十五世紀末ころに焼失しているが、遺物は梁川城本丸に類似したものが多く、十五世紀後半から十六世紀中葉の所産ではないかとしている。

梁川八幡社は前述したように、『世次考』では大仏城が焼亡したことにより、応永三十三年（一四二六）に梁川に移したのではないかとしているが、境内の一部から十三世紀の出土物があり、鎌倉時代に建立されたとの説も存在している。

梁川城から少し離れるが、再建された霊山寺《りようぜんじ》に関する遺跡と推定されている宮脇遺跡

図19　梁川八幡神社（福島市史編纂室提供）　現在でも三重塔跡や広大な庭園があり，往時の名残をとどめている．

（伊達市霊山大石）も、室町時代（十五世紀前半から中葉）を中心とする遺跡であると確認されている。この遺跡は大きくⅠ期とⅡ期に分かれるが、Ⅰ期は室町時代に位置付けられ、Ⅱ期は近世のものであると判断されている。十六世紀の出土物がないことから、十六世紀以前に機能を停止していたものであるとしている。霊山寺は南北朝動乱の最中に南朝方の拠点であったので、焼失した（「霊山寺山王院縁起」）と伝えられている。その後、応永八年に伊達氏により、再建されたと推定されているが、それを示すのが、同年六月十八日付、大膳大夫伊達政宗の棟札である。これにより、政宗が再建を支援したことが確認できる。

中世都市梁川

梁川城やそれに関連する発掘調査によれば、以上述べたように十三世紀ころから遺物が現れ、十五世紀から十六世紀初頭ころまでが盛期であることが明らかにされた。この事実をどのように評価するか、二つの見解が想定される。

一つは、伊達氏は十三世紀から梁川を拠点としていたが、十五世紀に城や都市機能等を整備し、大幅に充実させ、十六世紀前半に西山城に移ったとするものである。『世次考』では、第三代義広《よしひろ》が梁川に大館を構えていたことが「梁川八幡社記録」にあるとしていることも参考となる。

もう一つは、十三世紀ころに、この地域に伊達氏の庶子らが入り込み、活動を始めていたが、十五世紀に、伊達持宗がここに本拠地を移転させ、城や都市を創建し、町割り等により梁川を町場として充実させていったと想定するものである。鎌倉時代の梁川本拠説については、義広以外に伝承がないと小林清治氏は否定的に見ている（『戦国大名伊達氏の研究』）。私も今まで述べてきたとおり、他の地域の様態や文献等を総合的に勘案・考察して後者、すなわち持宗が大仏城で鎌倉府軍に敗北した後、ここに移居してきたのではないかと考えている次第である。それゆえ、東昌寺等は持宗時代に桑折《こおり》から梁川に移転したものと推測している。

ところで、発掘調査の出土物の中で注目すべき瓦が発見されている。その瓦は中央に菊の花を半分にした文様が配された軒平瓦で、「半催菊花唐草文軒平瓦《はんさいきつかからくさもん》」と呼ばれるものである（図20を参照されたい）。この瓦は茶臼山北遺跡（常栄寺跡とされている）、宮脇遺跡（霊山寺跡とされている）、梁川城南端（茶臼山西遺跡）から出土している。この瓦は足利義

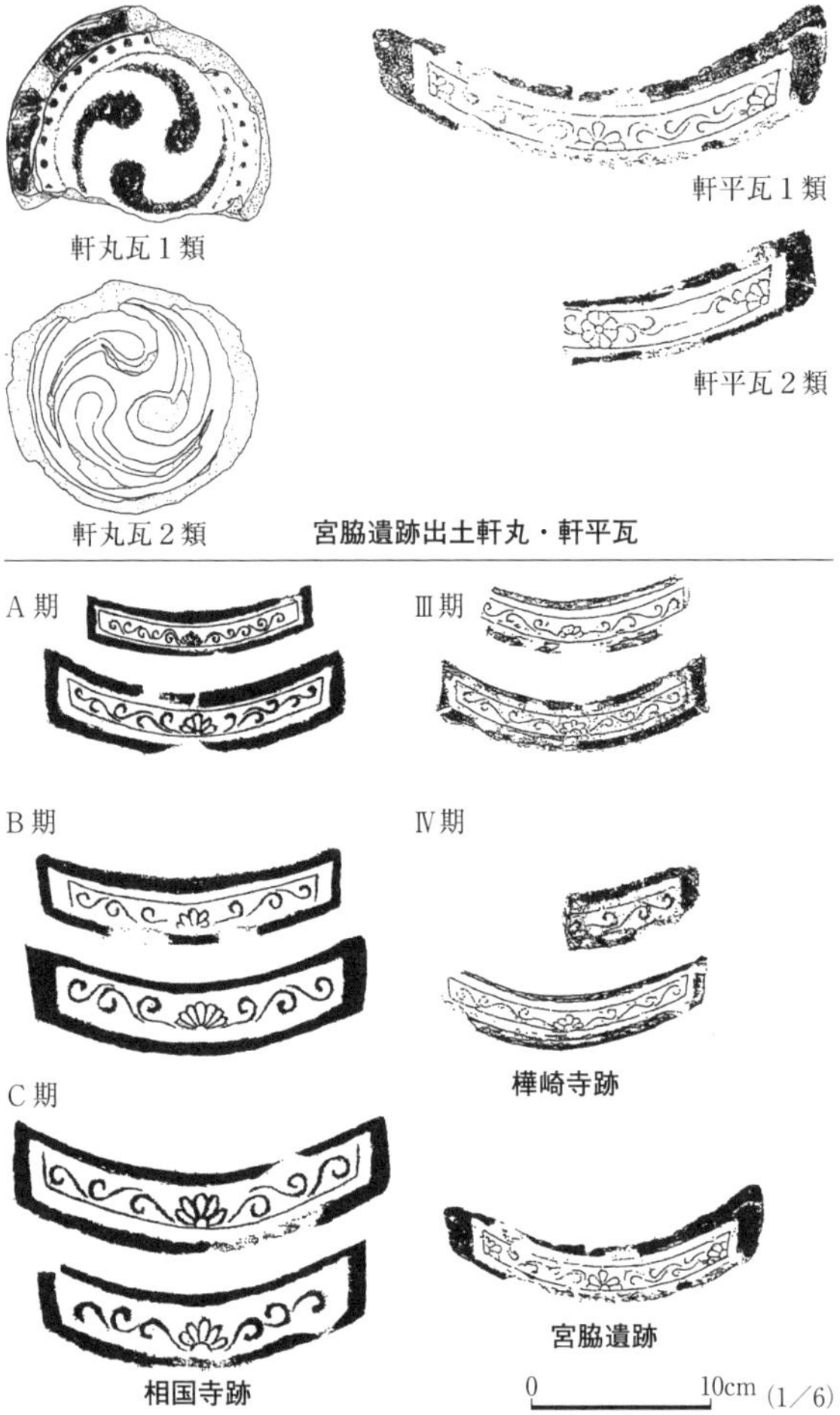

図20　相国寺跡・樺崎寺跡・宮脇遺跡半截菊花唐草文軒平瓦（『宮脇遺跡　確認調査報告書』より転載）　樺崎寺跡は栃木県足利市に存在する遺跡である．この寺は鎌倉公方と関係が深い．なお，宮脇遺跡発掘のものは相国寺跡の出土瓦のＢ期に近いとされており，Ｂ期の年代は1395～1407年であるとされている（以上，調査報告書による）．

満が建立した相国寺《しょうこくじ》や鹿苑寺《ろくおんじ》（金閣）のものに酷似しているとされており、伊達氏は京都のこのような寺を強く意識していたのではないかと推測されている。

南奥羽の中世都市梁川は梁川城本丸を中核に、北に塩野川、南に広瀬川、東南に詰めの館である茶臼山城、西は広瀬川・塩野川の合流崖壁に囲まれた地域に造られていた。本丸は一町（ほぼ一〇〇《メートル》）から一町半の方形で、そこは池・庭園を持つ京都風の館で、建物は将軍邸を模倣していたであろうと考えられ、そこで武家儀礼がなされていたものと推察されている。寺院は京都の寺院の影響を受けた建築であり、東昌寺跡とされている寺は瓦葺の大伽藍《がらん》であったと推測されている。

このころの東昌寺については『臥雲日件録《がうんにっけんろく》』（寛正五年〈一四六四〉四月十五日条）に、「東生（昌）寺以下の五ヶ寺はみな韶陽の門徒で、伊達氏はその旦那であり、東生寺の僧侶は二百人いる」としているので、かなりの伽藍であったであろう。そして寺院、武家屋敷、町屋等が区画された町割りがなされているのではないかと推定されている。このようなことから草創期の梁川町は、遺跡から推定すると、東昌寺・常栄寺・覚範寺《かくはんじ》・輪王寺が南北に並び、西の梁川城と東の茶臼山館の中間に、これらの寺院が形成され、武家屋敷、町屋群が造られているという景観であり、この市街地から北に五、六〇〇《メートル》ほどのところ、阿武隈川右岸の河岸段丘上に梁川城の防備を兼ね備えた梁川八幡が存在していた。そしてこの八幡と梁川城は南北の直線道路で結ばれていた（飯村均「中世都市・梁川のイメージ」『中世奥羽の考古学』、その他による）。

発掘調査から見えてくることは、伊達氏は西国の大内氏の城下である山口のような都市空間、すなわち小京都を奥羽にも造ろうとしていたであろうと推測されることである。梅宮茂氏は持宗・成宗時代の梁川の景観を次のように美しく描いている。「緑の沃野の丘の上に梁川城の主郭、それを取り巻く武家屋敷が広瀬川畔に厳然とすえられ、東昌寺の大伽藍、仏頭、塔頭が軒を連ね、良覚院、奥之院、大師堂、少し離れて輪王寺が城郭のような堀をめぐらし、土塁をめぐらしてそびえ、北西を限る阿武隈川の流れ、近くに鎮守梁川八幡宮の赤い鳥居、三重塔、別当龍宝寺の真新しい姿が森の間に見え隠れする」（「梁川の中世文化」『梁川町史』1、一部略）。

伊達氏の上洛

伊達氏が京都のような都市空間に強く惹かれたのは、伊達氏が上洛して京都という都市にふれていたからである。十五世紀の伊達氏の上洛についてはよく知られており、研究もなされている。そこで、ここでは上洛の概略のみを見ておくことにする。

寛正三年（一四六二）、伊達持宗が上洛した。このときのことは『蔭涼軒日録《いんりょうけんにちろく》』十月十七日条に記されている。この年は、前にふれた足利義政が奥羽の諸氏に古河公方成氏を討つように命じてから二年ほど後のことである。『日録』によれば、持宗は上洛すると義政に謁見して銭三万疋を進上し、義政から鎧一領・御太刀御刀二腰・盆一枚・段子《どんす》五段・扇百本を与えられている。そして持宗の曽祖父宗遠《むねとお》の代にも入洛があったとしている。

これ以前の伊達氏の上洛については確実な史料がないので年月日は確定できないが、『世次考』には、持宗は足利義持が将軍のときに上洛し、「持」の一字を拝領して持宗としたとの記述がある。ほぼ間違いなく上洛しているであろう。また同書は、それ以前にも政宗は子息氏宗を同道して上洛したとしている。宗遠から代々上洛しているということは、政宗の妻が善法寺通清《ぜんぽうじつうせい》の娘であるという関係と、将軍家と特別な縁を強調していることからして確実であると思われる。持宗は永享三年（一四三一）に、上洛ではないが、将軍義教に馬と銭を進上しており、太刀や刀等を返礼として受け取っている。

伊達成宗の贈り物

伊達氏の上洛の中でもっとも有名なものは文明十五年（一四八三）十月の成宗の上洛である。この上洛は多くの従者と馬数百匹を引き連れ、洛中の人々を驚かせるものであった。公家の日記などにも記されている。この詳細は伊達家文書の中にある「伊達成宗上洛日記」によって知ることができる。この時期は応仁の乱もほぼ終息してきており、義政は東山山荘（現慈照寺《じしょうじ》銀閣）に隠居、政治から逃避していた。一応、子の義尚が親政をしくことになっていたが、政務の実権は細川政国《まさくに》・政《まさ》元《もと》らが握っており、また管領畠山政長《まさなが》らの両畠山は合戦を続けており、各地では一揆が頻発していた。このような荒れた京都に、奥羽から莫大な財宝を伊達氏が持ち込んだ。この上洛は奥州探題へ補任《ぶにん》されるための下工作でもあったが、結果的には不首尾であった。

その中身を『桑折町史』1が整理しているので少し見てみることとする。成宗の訪問先は、義政、義尚、義政夫人日野富子、細川政元、細川政国、政所執事伊勢貞宗《まんどころしつじいせさだむね》・貞陸《さだみち》、土岐《とき》氏、一色《いっしき》氏、畠山政長らである。贈り物は、主たるものは義政と義尚にそれぞれ黄金百両・馬二十疋、政元に黄金五十両・馬十疋、政国に黄金五十両・馬五疋を贈っている。各所に贈った合計は、太刀二十五腰、黄金三百三十一両、馬八十六疋、銭八百貫文余という膨大なものであった。

成宗はこのほかにも北野天神・清水寺等の多くの寺社に参詣しているし、様々なところに見物・遊山に出かけている。帰りには奈良から伊勢に出て帰国しているのである。成宗が長期にわたり、多くの従者を従え、各所に莫大な贈り物をしているのは自分の領国がかなり安定しており、これを行なうことにより、さらなる権威を自己に付けるためであったと思われる。

成宗の上洛を手助けしたのは、坂東屋富松（戸松）という商人であり、彼は京都の宿を手配したりしている。富松は本来熊野先達職《せんだつしき》を持つ、京都聖護院《しょうごいん》に属する人物であったが、それが特権化し、先達職は得分化するようになっていった。そしてその組織は全国に広がり、奥羽にも及んでいた。このような特権商人が伊達氏と結び付き、都鄙《とひ》を往来して活動していたのである（小林清治「坂東屋富松と奥州大名」『福大史学』四〇）。

この時期における伊達一族の上洛は、京都の都市空間を知り、寺社や建物の華やかさを認識するうえで十分なものであり、あこがれを生むものであったといえよう。自らの居城が存在する空間を都市型の様態にしたいと願望するのは自然のことといえよう。十五世紀後半の梁川はまさに小京都のような空間が構成されていた。しかし、戦国の世は、都市型空間ではもたなくなってきていた。山城が必要となり、いよいよ本拠を桑折西山城にしなければならない世の中になっていったのである。

陸奥国守護から戦国大名へ

伊達氏の父子相克

尚宗について

伊達氏の出羽《でわ》南部への所領拡大は伊達宗遠《むねとお》から始まり、大膳大夫《だいぜんのだいぶ》政宗《まさむね》のころには長井荘（置賜《おきたま》郡、現山形県南部）のほぼ全域が伊達氏所領となっていき、さらに村山郡方面に進出していった。また、南奥地域の名取《なとり》郡・刈田《かった》郡（現宮城県南部）も伊達氏が勢力下に置き、持宗《もちむね》・成宗《しげむね》時代までに、婚姻や養子等を通して奥《おう》州探題大崎《しゅうたんだいおおさき》氏や留守《るす》氏等にも影響力を強めていき、じわじわと中奥地域にも勢力を拡大していった。一方、伊達氏は越後《えちご》にも影響力を拡大していったことが知られている。

尚宗《ひさむね》は伊達氏の中でもその実績はあまり知られていない。子の稙宗《たねむね》と比較すると、何やら見劣りがするような感じであるが、積極的に越後国と関わっていることが知られている。『世次考《せじこう》』は成宗の子尚宗の正室は越後国守護上杉定実《うえすぎさだざね》の娘で、稙宗の母であると記しており、婚姻したのは文明十八年（一四八六）ではないかといわれている。なお、尚宗の母は奥州探題大崎教兼《のりかね》の娘とされている。

越後国守護上杉氏と尚宗

ところで越後国は十五世紀末から守護職をめぐって、上杉氏が分裂し、守護代長尾《ながお》氏や、国人《こくじん》等が両派に分かれて合戦するなど、かなりの混乱が始まっていた。長享三年（一四八九）に揚北《あがきた》（越後国阿賀《あが》野《の》川以北の地域）の国人本庄房長《ほんじょうふさなが》が守護上杉房定《ふささだ》にたいして反乱を起こしたことから始まった「下克上」は、永正四年（一五〇七）八月二日、房定の後を継いだ子の房能《ふさよし》を守護代長尾為景《ためかげ》が襲って切腹させるにいたり、房能の従兄弟定実を守護に立て、自らは守護代となったのである。これに本庄や色部《いろべ》らの国人が抵抗したため、定実や為景は伊達尚宗・蘆名盛高《あしなもりたか》らに援軍を求め、国人らの抵抗を抑えようとした。ところが房能の兄である関東管領《かんとうかんれい》上杉顕定《あきさだ》が怒り、越後に攻め込み、定実・為景らを越中《えっちゅう》に追った。永正六年七月のことである。またまた上杉定実の要請により、伊達尚宗らは長井荘の国人を主体とする援軍を送ることになったのである。次の年の六月に顕定を敗死させた（渡部正俊「室的時代の梁川」『梁川町史』1）。このように越後国の内乱に介入したことにより、同国に大きな影響力をもつようになったのであるが、実はこのような越後守護との関係が、のちに奥羽を二分する大乱である天文の乱の伏線となっていくのである。この点はのちに述べよう。

南奥羽《おうう》に広大な領地を持ち、京都で財宝をばらまいた伊達氏は「奥羽大名」（室町大名）と見なされていたのであるが、現地ではどのような意識で位置付けられていたのであろうか。これについて伊達尚宗と越後守護であった上杉房能との身分意識を示す興味深い文書が存在している。

伊達氏は大名か国人か

会津の蘆名盛高と抗争していた伊達尚宗は、文亀三年（一五〇三）七月二十三日に、越後守護上杉房能の伊達への支援を要請する書状を同国の国人中条藤資《なかじょうふじすけ》に送った。この件について房能は了承したものと思われるが、しかし尚宗の書状は当時の身分編成の原理を示す「書札礼《しょさつれい》」から見て、非礼で不当であると批判している。そして尚宗に返書するときの上杉氏の案文を中条藤資に送り、中条からの書状として尚宗に送るように指示しているのである。尚宗の非礼について、房能の側近である黒田良忠《くろだよしただ》から中条に宛てて指示した書状には、「伊達よりの書状の認《したた》め様は、（中条にたいして）被官同前につくろい、はなはだもって口惜しきの由申され候、然ば返書に人々の御中と遊ばさるべく候、当国の儀は大名に御座候、彼国の儀は国人一分までに候、よくよく御遠慮なされ御報あるべく候」（中条文書）と認められている。そこで指摘されていることは、「書札礼」の上で、尚宗は同等の国人である中条を自分の家来のように扱っているというのである。その理由は、尚宗の書状で宛て所の中条にたいして、「中条殿」というように名字のみで上所《あげどころ》も脇付《わきづけ》もない打《うち》付書《つけがき》（この書札礼は目下の者宛ての書状の様式である）であることによる。伊達尚宗のこのような非礼にたいして、上杉側は尚宗に対して、「人々の御中」というような脇付をして「書札礼」に沿った対応で返書を認めよと指摘しているのである。さらに、「当国の儀」（越後上杉氏のこと）は大名であり、彼国（伊達氏）は単なる国人ではないかと強調していることが興味を引くのである（羽下徳彦「伊達・上杉・長尾氏と室町公方」『北日本中世史の研究』）。

十六世紀初頭において、伊達尚宗は奥羽の大名との強い意識を持っていたのであるが、ここに見られるように室町的な家格の体系は厳然として生きており、落ちぶれつつあったとはいえ、越後上杉氏はれっきとした室町（守護）大名であった。一方、伊達氏は勢力が強大であることより、尚宗が自分は大名と意識しようが、家格は奥羽の一介の国人と位置付けられ、周囲からは意識されていたのである。伊達氏がこの後、奥州探題（守護職）への補任《ぶにん》を願望するのはここらへんに一つの要因があるのではなかろうか。

宗遠と大膳大夫政宗

小林清治氏は南奥羽の諸家について「南奥の諸家にめだつのは父子の争いである。（中略）伊達氏では尚宗・稙宗、稙宗・晴宗《はるむね》、晴宗・輝宗《てるむね》父子と四代にわたり三組の父子の抗争があった。この抗争には家督相続に関するものが多くみられ、基本的には、当時なお家督の絶対権が未確立であったことが原因といえよう」と指摘している（「大名権力の形成」『中世奥羽の世界』）。この父子の争いの原因となった家督の絶対権の未確立と関わり合う現象として、父子による二重政権（二頭政治）というような統治の形態が伊達氏内部で起こっていた。

最初にそのような事態が見られるのは伊達宗遠と大膳大夫政宗との間である。すでに述べたように宗遠は永和二年（一三七六）八月二十八日に小沢伊賀守《いがのかみ》と一揆契状《いっきけいじょう》を結んでいるが、次の年の永和三年十月十日に大膳大夫政宗が留守一族の余目《あまるめ》参河守《みかわのかみ》と一揆契約をしているのである。これは宗遠の死去など何らかの理由で政宗が伊達氏の家督を継いだのかといえば、そのようでもなさそうである。永徳三年（一三八三）六月一日付、宗遠の成島八幡神社（山形県米沢市）の拝殿造立の棟札に「大壇越《だいだんおつ》弾正少弼《だんじょうのしょうひつ》藤原朝臣《ふじわらあそん》宗遠」と記されている。また明徳元年（一三九〇）十月八日の同神社門神御殿造立の棟札には「大壇越大膳大夫藤原政宗」と見えている。このような棟札から、宗遠が永徳三年ごろまで伊達氏の当主であったであろうと推測されるのである。ちなみに『世次考』は宗遠の死を至徳二年（一三八五）五月二十日とし、年齢を六十二歳としている。宗遠と政宗については父子ならば（疑問がないわけではない）、何らかの二重権力であったと考えられる。

成宗と尚宗、尚宗と稙宗

その後、伊達持宗の時代はそのような二重権力と見られるような史料は残されていないが、持宗の子成宗と尚宗との間には父子の行動が二頭政治をうかがわせるものがある。すなわち、尚宗が長享三年（一四八九）四月十九日、伊具《いぐ》郡の海禅坊に棟役《むなやく》免除以下の公事《くじ》免除の証判を出していることから伊達家の家督を掌握しているように見える。だが、明応八年（一四九九）十二月十三日付の大崎義兼《よしかね》書状（「薄衣申状《うすぎぬ》」と呼ばれている）によれば、義兼は父親の成宗へ援軍を要請している。このようなことから成宗の晩年にも権力の二重構造があったように推定される。ただし「薄衣申状」については真偽の検討の余地が残されている。成宗と尚宗の相克については次項で述べる。

さらに尚宗と稙宗との間にも同様な関係があった。稙宗は尚宗の長男で長享二年に生まれたとされている。その稙宗が伊達家の家督を継いだのは永正六年（一五〇九）以前である。というのはこの年、稙宗は将軍に復帰した義尹《よしただ》（義稙《よしたね》）にお祝いを送り、返礼を受けていることによる（伊達家文書）。さらに永正八年七月五日、牛越又七に安堵状《あんどじょう》を発しているることによる。しかし、永正六年から同十年にかけて、相変わらず尚宗が、古河公方《こがくぼう》との戦いや越後動乱を通して、軍事指揮権を握っていたであろうことを示す史料が存在することより、尚宗と稙宗との間にも二重権力の関係があったものと推定されるのである。尚宗は永正十一年に死去したのであるが、『世次考』の編者は尚宗の生存中から稙宗は他国との交渉を取り仕切ったり、領国統治を行なったりしていたとされている。

二重権力から父子相克へ

このような二重権力は当然のこととして権力争いが起こるもととなってくる。中世の政治史を見れば、二重権力から幾多の権力争いが起こったことか。伊達氏でも父子の争いを惹起している。『改定史籍集覧』所収の「塔寺八幡長帳」に明応三年（一四九四）四月十一日、「伊達殿いなわしろへ御落候、当所御勢五月十五日に御屋形様三千騎にて御たち候、さる間ことごとく御たいらめ候て、同六月五日に御ひき候、同五月十日に長井へ松本つしまとの御代官に罷立候」と記されており、伊達殿は誰かということが問題であるが、これは尚宗であるとされている（『梁川町史』5）。この年、梁川《やながわ》の父親成宗と米沢の子尚宗との争いにより、尚宗は会津猪苗代に逃げたが、蘆名盛高が長井（現在の米沢地方）に出兵して尚宗を支援している。この事件は成宗と尚宗の家督をめぐる争いで、尚宗追放のクーデターであるともいわれている。二重権力から父子相克に至っているのである。

父子相克としてもっとも著名なものは、稙宗と子の晴宗との争いである天文の乱である。成宗と尚宗の争いと同様に家督をめぐって伊達郡西山城にいる稙宗と米沢にいる晴宗との間に奥羽を二分する大乱が持ち上がった。実はこの事件以後が奥羽の戦国時代との見方が存在するが（小林清治「大名権力の形成」『中世奥羽の世界』）、この争乱については稙宗の活動を中心に次の節で検討しよう。

大名領国を目指す伊達稙宗

稙宗の一字拝領と左京大夫への任官

稙宗は一般にはあまり知られていないが、伊達一族の中でももっとも傑出した人物の一人である。彼の活躍が、伊達氏が奥羽でももっとも強力な戦国大名になっていく基礎を築いたのである。このような武将を本書の最後近くになってまとめて書くのは不可能であり、彼のみに関わる記述で一書をなすことができるほどの功績を上げている。それゆえ、ここでは彼の業績について簡単なスケッチをするのみとする。

稙宗は越後守護上杉定実の娘を母として、長享二年（一四八八）に生まれた。彼の活動が見られるようになるのは、すでに述べたように永正六年（一五〇九）ころからである。将軍足利義稙やその側近大内義興《おおうちよしおき》から御内書《ごないしょ》や書状が稙宗宛てに発せられているのである。

永正十四年には、伊達家当主の前例にならって、義尹から改名した将軍義稙より一字拝領（御字拝領）して稙宗と名乗った。さらに「左京大夫《さきょうのだいぶ》」への任官を願い出た。この件についても望みがかない、はれて左京大夫稙宗と署名することができるようになったのである。「左京大夫」は従来の伊達氏当主の官職である「大膳大夫」や「兵部少輔《ひょうぶのしょう》」より格上の官職で、大内義興の官職と同じであり、また奥州探題大崎氏に与えられる官職であった。これらの件は稙宗にとって「面目の至り」とするものであった。

図21　伊達稙宗（長谷川養辰『伊達家歴代画真』より，仙台市博物館所蔵）

この「御字拝領」や「左京大夫」の官職を得るために伊達氏は莫大な費用をかけている。その主要な贈り先や贈り物は次のとおりである（「頤神軒《いしんけん》算用状」等による）。

【一字拝領や官職を願い出たときの贈り先・贈り物】　将軍足利義稙＝太刀一腰（国安）・黄金三十両、管領細川《かんれいほそかわ》高国《たかくに》＝太刀一腰（国長）・黄金二十両、管領被官新開隆実《しんかいたかざね》＝黄金三両

【第一型】
年未詳12月27日書状
「伊達家文書」159号

【第二型】
年未詳９月18日書状
「伊達家文書」97号

【第三型】
（天文５年）６月25日書状
「伊達家文書」134号

【第四型】
天文12年12月21日判物
「伊達家文書」153号

【第五型】
天文16年閏７月９日判物
「伊達家文書」157号

【第六型】
弘治２年11月１日判物
「伊達家文書」158号

図22　伊達稙宗の花押（大石直正「戦国期伊達氏の花押について」『東北学院大学東北文化研究所紀要』20より転載）

【拝領・任官の御礼】　将軍足利義稙＝太刀一腰（国綱）・黄金三十両・馬五疋、管領細川高国＝太刀一腰・黄金二十両・馬二疋、管領一族細川尹賢《ただたか》＝馬一疋、管領被官寺町通隆《てらまちみちたか》＝太刀一腰・黄金五両・馬一疋、管領被官新開隆実＝黄金三両、大内義《よし》隆《たか》＝馬三疋、大内被官杉越越《えち》前守《ぜんのかみ》＝馬一疋

以上のように、西国守護大内氏らと肩を並べるような権威を得るために稙宗は莫大な出費をしたのであるが、伊達氏が陸奥《むつ》の一介の国人と見なされることを嫌って、さらなる工作を京都に行なった。

陸奥国守護職への補任

官職の上では当時のトップクラスの官職を得たのであるが、稙宗はこれでは満足しなかった。さらなる権威を求めた。それは奥州探題に任命されることであった。稙宗が奥州探題に補任されることを幕府に要望したのは大永二年（一五二二）のことである。義稙が没落して将軍が足利義晴に交代したとき、稙宗は「御代始御礼」と称して義晴や細川高国らに太刀一腰・黄金五十八両・馬五疋を贈った。そしてこの機会をとらえて奥州探題に補任されることを願い出たのであった。

この望みにたいして、管領細川高国家臣新開隆実が奉書を大永二年十二月七日に稙宗に発している（伊達家文書）。それによれば、「屋形（高国）より委細を申されています。当国（陸奥国）の守護職のこと、仰せ付けられます。御面目のいたりであり、珍重なことです。来春にきっと使節を差し上げられ、（陸奥国守護職補任の）御判を頂戴されることが、もっとも肝要です。（日時を）延ばすことはだめです」と連絡しているのである。寺町通隆も同様に連絡した後、「来春中にきっと御礼を申して御判を頂戴するように、延引は不可です」としている。

陸奥国の守護は鎌倉時代以来設置されたことがなく、まったく異例な補任であった。大永五年、守護補任に関与した京都の商人富松氏久《とみまつうじひさ》が伊達家の宿老牧野安芸守《まきのあきのかみ》（宗興《むねおき》）に送った書状（伊達家文書）には「いまだ奥州守護職は、（藤原《ふじわらの》）秀衡《ひでひら》以来奥州で下された人はいません。末代までの面目これに過ぎるものはございません」と書かれており、もちろん藤原秀衡が守護に補任されたことはないのであるが、当時の人々は異例なことをこのように認識していたのである（なお、秀衡と伊達氏の観念的関わりについてはのちにも述べる）。京都の伊達氏にたいする破格の対応は従来の奥羽の「室町的な秩序」を大きく破るものであった。これにより、稙宗は国人という身分から脱して、立派な室町大名になったのである。もはや越後の上杉氏あたりから身分の違いを指摘されて批判されることもなくなったといえるのである。すでに述べたように、稙宗は伊達郡梁川に大内氏に比較されるような庭園を築き、壮麗な邸宅を持つ奥羽の室町的な（守護）大名となったのである。ここに室町将軍を頂点とする大きな秩序の中に位置付けられたといえる。

だが、稙宗は守護職では満足しなかったのであろうか、将軍や管領等に御礼をしないという態度をとったのである。このころになると官職等は幕府による一種の売官的なものとなっていたので、その後に幕府側から「御礼」をせよとの矢の催促が行なわれるのである。「御礼」を行なったかどうかその後のことは分からないが、たぶん「御礼」はしなかったのではないかといわれている。大石直正氏は将軍らに「御礼」をしなかったことにより、稙宗は陸奥守護職に補任されなかったのではないかとの見解をもっている（「戦国期伊達氏の花押について―伊達稙宗を中心に―」『東北学院大学東北文化研究所紀要』二〇）。補任されたか否かは確定できないが、「塵芥集《じんかいしゅう》」には伊達氏を守護とするような法文が見られる。

陸奥国人らとの縁組

稙宗は南奥羽屈指の大名となったのであるが、周辺地域の諸領主層にも婚姻関係を通して影響力を広めていった。稙宗には二十人以上の子供たちがいたことが知られている。『世次考』は系図等を検討して、彼の子女は男子十四人、女子七人であるとしている。これらの子息と奥羽の国人との養子・縁組を整理すると次のようになる。

＊稙宗と蘆名盛高女との子女

一女子：相馬顕胤《そうまあきたね》の妻・義胤《よしたね》の母、二女子：蘆名盛氏《もりうじ》の妻・盛興《もりおき》と白川義親《しらかわよしちか》の母、三女子：十七歳早世、一男：晴宗は伊達家を継承、二男：義宣《よしのぶ》は大崎氏を継ぐものちに不和・出奔、三男：実元《さねもと》（時宗丸）は越後上杉氏との養子の約あるも果たされず、天文の乱の一要因、四男：玄蕃《げんば》八歳卒

＊稙宗と御下館（母屋の女房）との子女

一女：二階堂照行《にかいどうてるゆき》の妻・盛義《もりよし》の母、二女：田村隆顕《たむらたかあき》の妻・清顕《きよあき》の母、三女：懸田俊宗《かけだとしむね》の妻・義宗《よしむね》の母、男：宗澄《むねすみ》

＊稙宗と御中館（母屋の女房）との子女

一男：四郎は桑折景長《こおりかげなが》の養子（十七歳で夭死）、二男：宗清《むねきよ》は梁川城主（稙宗が西山城に

移転後）、三男：宗殖は村田近重の養子、四男：康甫は東昌寺《とうしょうじ》住持

＊稙宗と御下之上（母屋の女房）との子女

男：早世、女：相馬義胤の妻・盛胤《もりたね》の母

＊稙宗と亘理宗隆《わたりむねたかのむすめ》女との子女

一男：綱宗《つなむね》は亘理宗隆の養子、二男：元宗《もとむね》は綱宗戦死後、亘理の養子となる

＊稙宗と某女性（母不知・複数か）の子女

男：晴胤《はるたね》は葛西晴重《かさいはるしげ》の養子、葛西家を継ぐ、男：伊達清三郎、極楽院を継ぐ

以上のように、稙宗の子息と南奥の領主層との間の養子・婚姻関係はきわめて華麗である。それは、男子は大崎・亘理・葛西・桑折・村田氏らに入り、越後上杉氏とも養子縁組がなされようとしていた。また娘は相馬・蘆名・二階堂・田村・懸田氏らと婚姻関係を結んでいる。さらに稙宗の正室は蘆名氏の娘であり、弟は留守氏を継承し、妹は最上氏に嫁している。そして稙宗の子晴宗は岩城《いわき》氏から妻を迎えており、晴宗の子女は石川・国分《こくぶ》・留守氏の養子となっており、女子は二階堂・蘆名・佐竹氏に嫁いでいる。

稙宗と姻戚関係を持たなかったのは、白河《しらかわ》地域の白川氏、二本松の畠山《はたけやま》氏らのみであり、きわめて広い範囲の領主層と縁を結んでいるのである。このような姻戚・縁組関係は広い意味で南奥羽における同盟・連合の組織であるといえる。このような形態は強い主従

制によって組織されたり、旗下《はたした》と呼ばれるような大名と領主の従属関係を示すようなものではなかった。また稙宗は最上氏や佐竹氏らと抗争するなど相次いで外征を行なっているが、伊達氏の領土は広がっていないという。このことから彼は「奥羽の守護」、調停者として振る舞っていたのではないかという（菅野正道「伊達氏、戦国大名へ」『伊達氏と戦国争乱』）。縁組関係や外征の状況からして頷ける指摘である。

このころ、伊達氏と並ぶ南奥の雄である白川氏の権力の形態も守護的なものであったことが知られている。白川氏も頻繁に上洛して将軍らに金品を献上するなど、室町幕府と密接な関係を持ちつつ、白川氏惣領と庶子小峰氏が密接に連携し、南奥・北関東の国人らと一揆を結んだり、連合しながら大きな勢力を築いていた。白川氏は奥羽における典型的な「室町大名」であり、南奥における伊達氏と対比される有力者であった。

梁川から桑折西山城に移る

天文元年（一五三二）に、稙宗は京都風の華麗な庭園を持ち、文化の香りが高い梁川の御所から、戦国的な山城である桑折西山城に居所を移した（『世次考』による）。まさに室町的な御所から戦国的な城に拠点を変えたのである。鎌倉時代に桑折には伊達氏の本流の本拠があったが、西山城は室町時代的な「街場」から離れた小高い山地にあり、奥羽山脈の支脈の上に立地し、周りは産ヶ沢《うぶさわ》に囲まれており、北側は急な崖となっている。稙宗の意図するところは明らかであろう。京

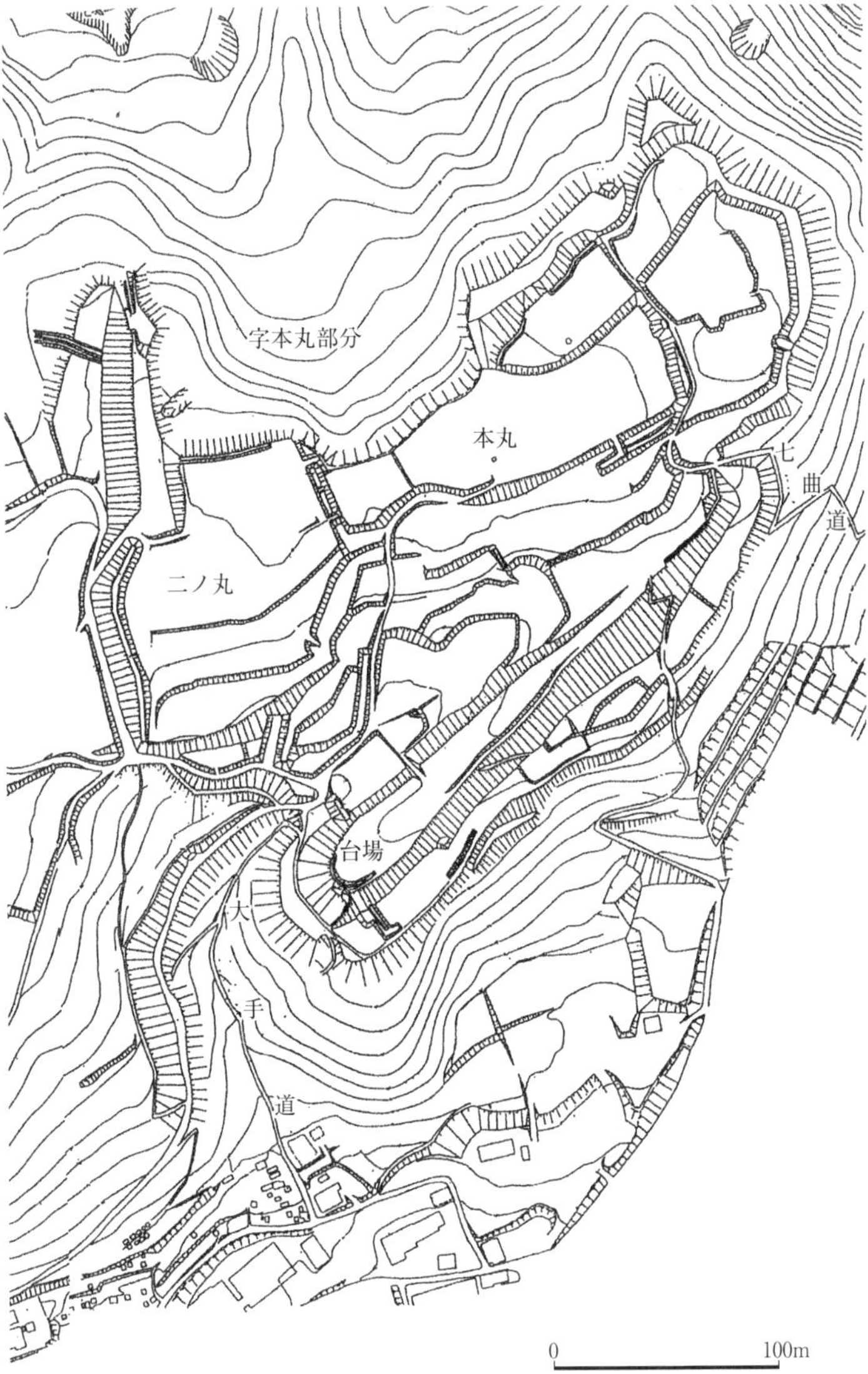

字本丸部分
本丸
七曲道
二ノ丸
台場
大手道
0
100m

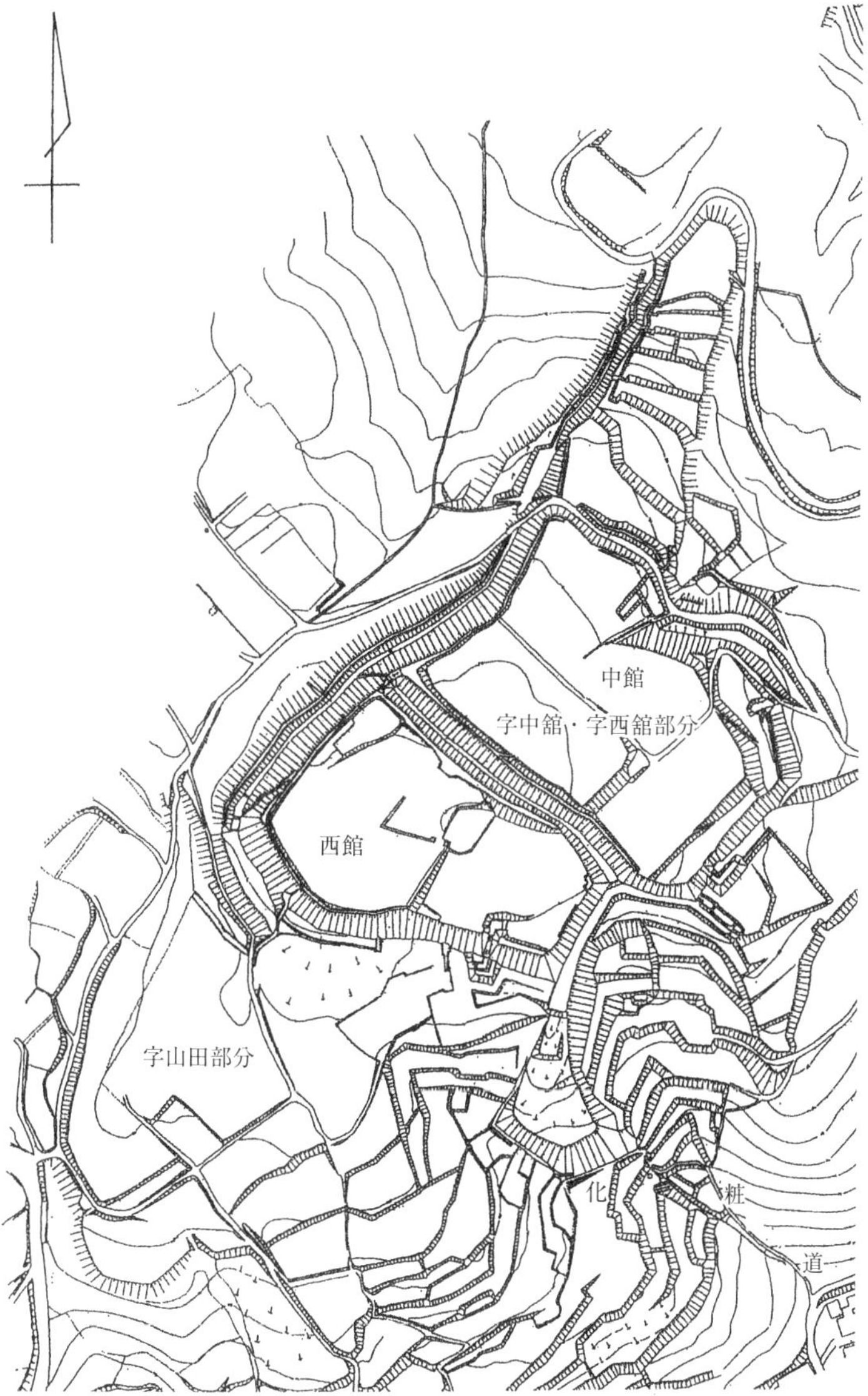

図23　桑折西山城跡郭配置図（『史跡桑折西山城跡発掘調査総括報告書』より転載）

図24　桑折西山城の大手門跡（福島市史編纂室提供）

都の文化が色こく存在する梁川城から、祖先の地とはいえ、荒々しい山城に居を移したことからは稙宗の強い意志が感じられる。それは、戦国の世、戦乱の攻防に対応するためであったといえる。稙宗の時代、伊達氏の領国は伊達郡、信夫《しのぶ》郡、長井荘・屋代荘（両荘は現在の米沢市、東西置賜郡）、刈田郡の合わせて十余りの郡や荘という広大なものであった。このとき、稙宗は四十五歳であったという。円熟の時期であったといえよう。

この地に移転すると、稙宗は矢継ぎ早に新しい政策を出してくる。これらの政策は領国整備のためであった。これは西山城移転の前からあったが、買地《かいち》安堵状なるものが非常に多く発せられている。家臣が買地した所領を安堵することにより、家臣の所領を把握して軍役を課そうとしたものである。また徳政令から除外することを保証することにより、家臣との主従関係を強めたのである。

さらに「棟役日記」と「段銭帳《たんせんちょう》」を作成した。天文四年三月、領内全域の郡・荘ごとにまとめて徴収した棟別銭高と徴収の責任者も明記した「棟役日記」を作ったが、伊達氏は陸奥国守護として屋敷を課税の対象とするためにこのような帳簿、すなわち家屋税の台帳を作成したのである。また、天文七年九月、領内の田畑について段銭高を書き上げた「段銭帳」(「段銭古帳」)を作成して、課税の対象となる田畑の面積等を把握して、守護が一国平均役として独自に賦課することができるようにした。これは耕地税の台帳である。この台帳の完成は、軍勢を動員するための軍役の成立という観点から見るならば、所領内の家臣の段銭を伊達氏が掌握することにより、それを基準にして貫高《かんだか》制を成立させて、家臣の軍役の賦課を定めることができるということになるのである。伊達氏が制度として段銭を徴収する出発点となったのであった。以上のように諸政策は総体として見たならば、確立していないといえども、伊達氏による知行《ちぎょう》の恩給安堵権の行使、すなわち主従制の形成に向かっていたといえる。

稙宗が桑折西山城に移転した次の年、「蔵方之掟」なるものが出されている。これは質屋に関わる法である。この法は質屋保護の色合いが強いが、伊達領内にもかなり多くの質屋が存在していたものと見なされる。その多くは前年まで居城があった梁川近辺に存在していたものと考えられるが、伊達氏にとって領内の質屋・金融業の統制は、その財政運営からしてきわめて重要であったのであろう。領国統治上重要な経済政策であったといえる。このように矢継ぎ早に財政制度や法制の整備が進められた。様々な改革には、稙宗は奥州探題には補任されなかったが、探題の大崎氏に代って奥羽の支配秩序の中心にすわろうとする意図が強く存在したといえる。そのような全面的な改革・整備を進める中で「分国法」を制定したのである。

陸奥国守護法「塵芥集」の発布

桑折西山に城を移した五年後、稙宗は有名な法を制定した。天文五年（一五三六）に制定された「塵芥集」と呼ばれる伊達氏の法典である。制定当初百六十三条であったが、追加されて百七十一条となった膨大な法である。条文の多さから「塵芥」とは雑多という意味があるらしく、へりくだった意味であるという。

この法典は鎌倉幕府の「御成敗式目」を意識して定められている。それはたとえば寺社の保護規定が最初にあることなどに見られ、「御成敗式目」と同じような趣旨の条文もいくつかある。「式目」では北条泰時《ほうじょうやすとき》が評定衆《ひょうじょうしゅう》と並んで最後に署名しているが、「塵芥集」では起請文の前に稙宗が署名しており、稙宗の主導で制定されたことが明らかである。

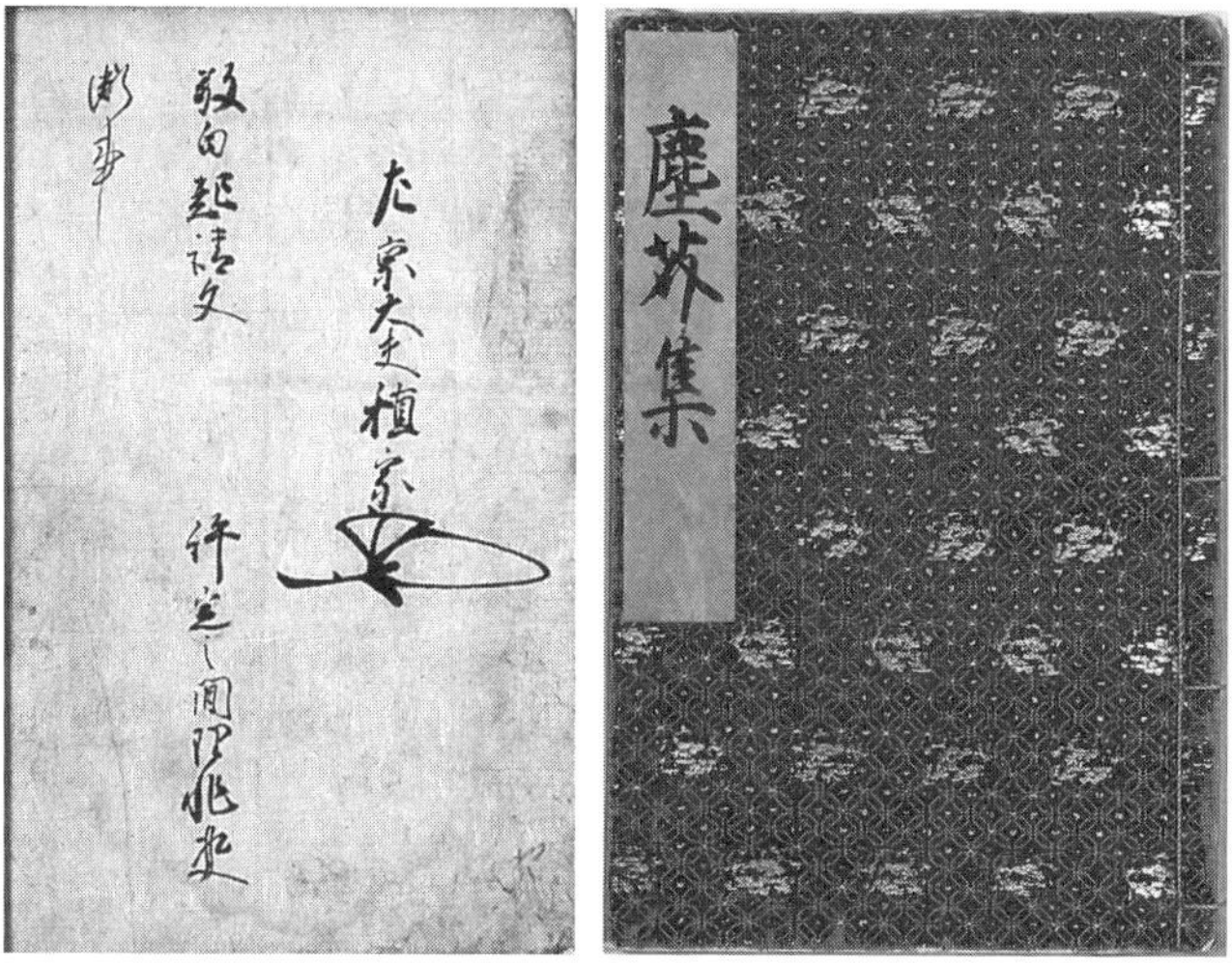

図25　「塵芥集」（表紙と伊達稙宗署名部分，仙台市博物館所蔵）

小林宏氏によれば、「塵芥集」の条文の中に「守護」という語句がいくつか現れており、この法律は稙宗が陸奥国守護に補任されていることより、奥州守護法という意識のもとに制定されたものと見なされている。大内氏や今川氏の分国法も同様に守護法であった。「塵芥集」は寺社法、刑事法、貢租に関わる法、用水・土地法、質・売買法、下人《げにん》に関する法、婚姻に関する法、など多岐にわたっているが、この法典の特徴は刑事関係条文が全体の三分の一に近い六十条に及んでいることである。伊達領国内の秩序維持に力点が置かれ、伊達領内ではいまだ「伊達氏による一元的な領国支配の段階までいたっていない」とされており、あきらかに守護法という性格を持っているという（小林宏『伊達家塵芥集の研究』）。条文から奥羽の後進的な状況も読み取れるとはいえ、私成敗の禁止という基本方針から、領主裁判権を否定して、伊達氏に裁判権を移そうとする基調も貫かれているのである。

「塵芥集」条文の具体的な規定は、当時の南奥羽のみではなく、日本中世社会の状況を知るうえで興味深いものが多い。しかし、この具体的検討をし始めると一書になりそうで、別の書籍に譲るほかはないので省略したい（稙宗の業績についての詳細な検討も同様である）。

なお、「塵芥集」は天文の乱において父稙宗に勝利した晴宗によって廃止されたのではないかといわれている。その後、この法典はその条文に沿ってまったく運営されていない。「塵芥集」が再発見されるのは、伊達藩の家譜編纂過程で、村田氏らの献上本によってその存在が明らかとなったのであった。

天文の乱とその後の伊達氏

越後問題と晴宗の反乱

稙宗は陸奥国守護として、自己の理想を遂行しようとする人であったとの評価がなされている。そのため、周囲の諸氏にたいする活発な外交や軍事活動も、「塵芥集」や「段銭帳」等に基づく内政の整備や推進も陸奥国守護としての理想の所産であったといわれている（小林清治「塵芥集の世界」『白い国の詩』）。この陸奥国の統治者としての理想を追い求めた彼の活動が伊達氏の内紛だけでなく、奥羽の大乱になっていった。いわゆる天文の乱（伊達洞《うつろ》の乱）と呼ばれているものである。

乱の発端となったのは、稙宗が従来行なっていた有力領主との連携・連合による勢力拡大のための活動であった。それは、越後国守護であった上杉定実（稙宗の外祖父）には男子が存在しなかったので、稙宗の実子である三男時宗丸（のちの実元、定実の曽孫）に精兵百騎を付けてやり、定実の継嗣にしようとして、定実との間に約定がなされたことから始まった。しかし、その約束を履行しようとして、時宗丸が越後に出発する三日前に、突如稙宗が子晴宗によって西山城に幽閉されるという予期せぬ事態となったのである。天文十一年（一五四二）六月二十日のことであった。

『世次考』は越後行について「不意に内乱が起こり、ついに果たせず」とし、その理由を次のように解説している。桑折景長と宿老中野宗時《なかのむねとき》が密かに晴宗にたいして「精兵百騎を越後国にやってしまったならば、伊達氏は蟬の抜け殻のようになり、無力化してしまうから、時宗丸の越後行を武力を持っても止めなければならない」と進言したという。この言に従った晴宗は稙宗の鷹狩りの帰りを待ち伏せして捕らえて西山城に押し込めたというのである。以後、南奥羽の地において、父子相克として前後七年にわたって抗争が繰り返される争乱となったのであった。

乱の経過

このとき、晴宗は米沢にいたのではないかと推測されているが、伊達氏権力の特徴である二重政権的な状況であった。乱の経緯を『世次考』を通して簡単に見ておこう。

稙宗は彼の近臣小梁川日双によって西山城から救出された。その後、懸田・相馬・田村・二階堂・蘆名・亘理・葛西・大崎・二本松畠山氏ら、稙宗と姻戚関係を結んだりしている有力領主層が稙宗派を形成して優勢であった。最上氏も稙宗方として長井荘に出陣しており、「まもなく落着するであろう」と稙宗派は見ていた。しかし、晴宗は伊達氏の直属軍団を押さえ、岩城・留守氏が支援して持ちこたえ、次第に動乱は南奥羽全域に広がっていき、長期化していった。

この乱の前半は稙宗派が多少優勢であったが、両派は一進一退を繰り返して天文十二年（一五四三）から十六年ころまで続いた。しかし、十六年ころには蘆名氏が晴宗党となり、晴宗派が次第に勢力を盛り返し、乱の当初は稙宗に荷担していた有力領主層も晴宗方に寝返っていった。翌十七年に各地の一般国人層も晴宗に同心する者が多くなり、晴宗の優位が確定していった。この年五月に将軍足利義輝が伊達氏に和睦の命令を出し、蘆名盛舜《もりきよ》らに停戦の調停を命じた。『世次考』によれば、それ以前に田村・相馬・蘆名・二階堂・および岩城氏らが稙宗と晴宗の和議を計ったりしている。九月六日に父子は和睦して天文の乱は終わった。

晴宗は家督を正式に相続して出羽米沢城に移り、稙宗は伊具郡丸森《まるもり》城（宮城県丸森町）に隠居して桑折西山城は廃棄されることとなった。すでに述べたように伊達氏の直属家臣の多くは晴宗に属していた。稙宗派は姻戚や同盟関係を結ぶ領主層であった。天文の乱の原因について、藤木久志氏はこの乱の基本的要因は、稙宗による守護の権限である棟別銭・段銭賦課の強行にあったとしている（「戦国大名制下の守護職と段銭」『戦国社会史論』）。小林清治氏は「相馬・蘆名・懸田・葛西・村田・亘理などの諸家への入嗣・入嫁を実現し、さらに越後上杉氏への入嗣を進めようとする稙宗の奥州守護主義」と、晴宗の「伊達氏固有の領地と家士との増大に執着するいわば戦国大名の論理」の衝突であったとしている。そしてこの乱は「奥羽戦国期開始の画期をなすものとみてよい」と断定されている（『中世奥羽の世界』）。

伊達家を掌握した晴宗

天文の乱で形式上は和睦という形で勝利した晴宗は、天文十七年（一五四八）に伊達家の家督を正式に相続した。晴宗の母は蘆名盛高の娘で、稙宗の「第一男」（嫡子）と『世次考』は伝えている。そして西山城を破却して長井荘の米沢城に住んだとも述べている。米沢に移った理由は定かではないが、交通の要衝の地であり、長井地方が生産力が高かったからとされている。父親の拠点であった西山城を避け、新しい出発地として米沢を選んだのであろう。さらに、天文の乱以前から米沢に居住していたのではないかといわれており、このことも移転の理由であったろうとされている。なお、稙宗は伊具郡丸森に引退した。付け加えておくならば、稙宗が作り上げた「塵芥集」は、晴宗以後の伊達家では使用された形跡がまったくない。「塵芥集」が再発見されるのは江戸時代初期のことである。

天文の乱後も懸田俊宗が反乱を起こすなど不安定な状況が続いたが、晴宗の権力をひっくり返すほどの状況とはならず、政権は次第に安定していった。天文二十二年正月、晴宗はこれ以前に伊達家の当主から発せられた家臣への判物《はんもつ》（所領の宛行や安堵等を示す花押を据えた文書）をすべて破棄して、新たに晴宗の花押を据えた判物を家臣団に与え、以後これによるべきであると宣言した。その台帳である「晴宗公采地下賜録《さいちかしろく》」全三巻のうち二巻が仙台市博物館に残されており、これらの巻の末には「乱中の判形を返し収め、（中略）判形を改めて新たに之を下し置く者也、古判形を以て子細訴訟之族輩有りと雖も更に信用す可からず」と記されている。三巻中二巻に三百一名宛ての判形が書かれているが、もう一巻そろえば、四百名以上になるだろうといわれている。もちろん所領を没収された者も多かったであろう。それは百名ほどいたのではないかと見られている。このような加恩と所領没収というような処置により、伊達氏の大名としての権威や権力は強化さ

図26　伊達晴宗（長谷川養辰『伊達家歴代画真』より，仙台市博物館所蔵）

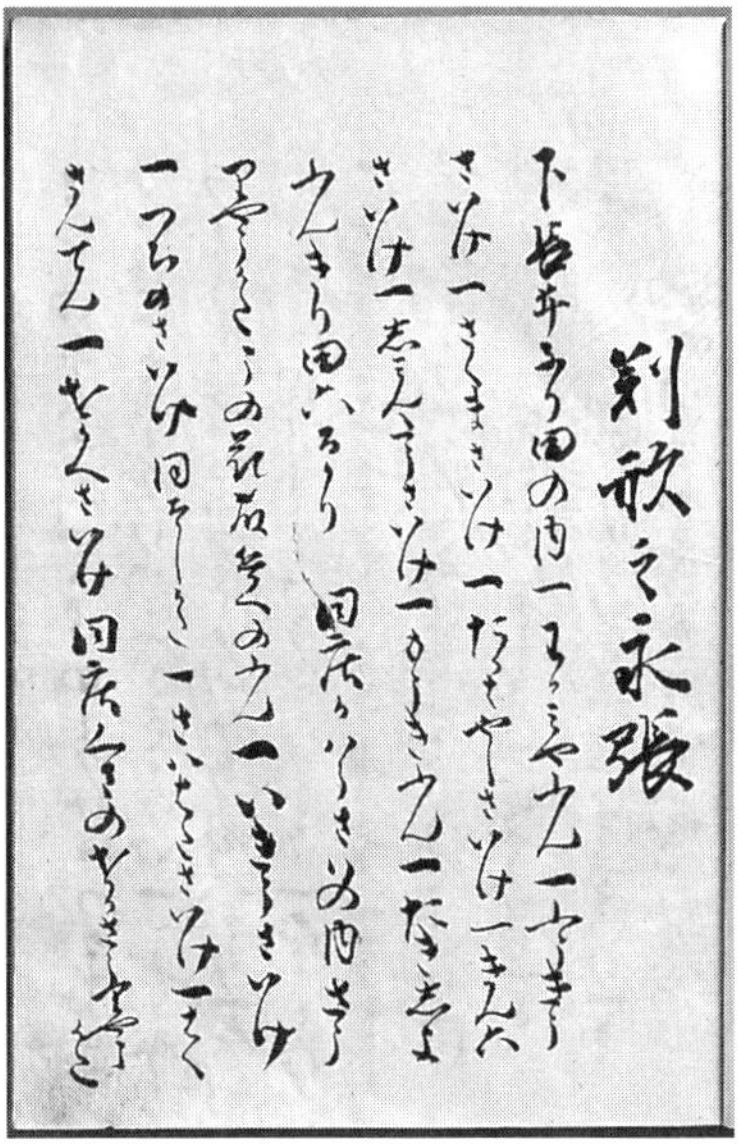

図27　「晴宗公采地下賜録」（冒頭部分，仙台市博物館所蔵）

れたといえる。だが、以下に述べるような国人（地頭）も存在していて、必ずしもまだ盤石《ばんじゃく》のものではなかった。

この「下賜録」を見ると、在地の国人層に与えられたものとして「守護不入」や「諸役免除」「惣成敗」等があった。「守護不入」は在地武士が伊達氏からの半独立的な所領維持（たとえば所領内の裁判権）を認められたものであり、領内の段銭や棟役等の「諸役免除」「惣成敗」の権限も同様であった。

稙宗は守護に補任されるだけでなく、奥州探題に就くことを熱望したが、それがかなわなかったことはすでに述べた。しかし、子の晴宗は奥州探題に補任され、形式上は奥羽の軍事指揮権を掌握したのである。そして探題と守護を同様なものと見なしたのであろうか、守護代の一人に南北朝末期に従属した桑折氏が任命されたが、その実名は貞長《さだなが》といった。桑折氏一族の通字はこのころも「長」を使用している人物が多い。

父子相克の再現、輝宗の相続

永録三年（一五六〇）から八年にかけて、伊達氏では例のごとく晴宗と子輝宗との間に父子相克が起こった。『世次考』によれば、三春《みはる》城主田村清顕から伊達氏の家臣大波《おおなみ》氏に宛てた書状の中に「晴宗父子の間相和せざること、ここ四、五年なり」と書かれているとされている。この争いの原因は、家臣伊具角田城主田手宗光が相馬氏に通じ、輝宗が宗光を攻めようとしたが、晴宗は両者の調停を計ろうとしたためといわれている。

その詳細は不明であるが、父子が和睦した後、永緑八年ころに晴宗は隠居して家督を子の輝宗に譲っている。両者の和睦は晴宗の隠退ということで成立した可能性が強い。隠退したのち晴宗は信夫郡杉目《すぎのめ》城（大仏《だいぶつ》城）に移っている。福島盆地は相変わらず伊達氏の重要な拠点であった。晴宗が隠退したとき、晴宗は四十七歳、輝宗二十二歳であった。そしてこの年、稙宗は丸森城で死去し

図28　伊達輝宗（長谷川養辰『伊達家歴代画真』より，同前所蔵）

ている。享年七十八であった。

輝宗は家督を継ぐと積極的に領土拡大を試みている。相馬氏と親近関係にあった稙宗の死去を契機として相馬氏との間に本格的な抗争関係が起こり、丸森城が相馬に奪われるなどして抗争が続いた。そのときに、伊達氏の重臣中野宗時・牧野宗仲《まきのむねなか》らが反逆するなどして、彼らは相馬に出奔してますます争いが先鋭化していった。このような状況から南奥羽の北部でも伊達氏と最上氏、南部では蘆名氏・二本松畠山氏らと伊達氏の間で戦線が拡大していった。これらの詳細は小林清治『戦国大名伊達氏の研究』を参照されたい。

仙道の南部地域では、常陸《ひたち》の佐竹氏が勢力を伸ばして白川氏の名跡を継ぐような事態が起こり、さらに蘆名氏の中にも食い込み、天正十年（一五八二）ごろ佐竹・蘆名の連合軍が形成されるという形勢となり、佐竹・蘆名・二階堂・白川・岩城氏らの連合軍と伊達・田村氏の対抗関係が造られるという容易ならざる事態となっていったのである。このような状況を打開するために、輝宗は関東の後北条氏と誼を通じたり、織田信長と交信したりし、越後の国人たちとの連携にも意をそそいでいた。

独眼龍政宗の登場

仙台藩祖政宗《まさむね》が伊達家を継承したのは天正十二年（一五八四）十月のことでる。政宗は永禄十年（一五六七）八月三日に米沢城で生まれており、家督を継いだのは十七歳のときであった。このときの状況はすでに述べたように伊達領の周囲は厳しいものがあった。北の最上氏とは対抗関係にあり、不安定な状態が続いていた。東の相馬氏とは厳しい対立状態となっており、南の会津蘆名氏とはかつての友好的な関係から、抗争関係に入っていった。その背後には勢力を伸ばしてきた常陸の佐竹氏がいたのである。

政宗の初陣は天正九年五月のことで、輝宗とともに相馬攻めに出陣したときである。その後、父とともに出陣したり、蘆名・二階堂と田村の抗争の調停を行なったりしている。小林清治氏は輝宗と政宗が連署した書状などが見られることより、天正十年ころより、伊達家には二頭政治の傾向が見られるとされている（『米沢市史』第一巻、第四章第五節）。伊達氏で前例が多くある二重権力の走りであろうか。ただし、小林氏は輝宗・政宗父子の間には不和はなく、密接であったと見なしている。

政宗がきわめて若い時期に家督を継承した真の理由は不明であるが、天正十二年十月六日に、

図29　初代仙台藩主伊達政宗（狩野安信筆，仙台市博物館所蔵）

会津の蘆名盛隆《もりたか》が不慮の死を遂げたことが契機となったという（小林前掲書）。この盛隆の横死により、政宗の弟を蘆名に入れようとする輝宗の画策は瓦解し、伊達と蘆名の友好関係は崩れていき、蘆名は親佐竹、反伊達というような方向となり、輝宗はこのような政治状況の中、何らかの意図を持って政宗に家督を相続させた。伊達と佐竹の対立が鮮明になったときに政宗は伊達氏の当主になったのである。二頭政治の傾向はあったのであるが、従来伊達氏で繰り返されてきた父子間の家督相続をめぐる対立・抗争は見られないとされている（小林前掲書）。

さて、政宗は家督を相続すると、会津や佐竹が勢力を持つ仙道（中通り）南部に軍を積極的に進めていった。だがこのような中、衝撃的な事件が起こる。伊達軍が隠居した輝宗を撃ち殺すということが起こったのである。

輝宗の非業の死と政宗

政宗が家督を相続した直後の天正十二年（一五八四）冬、塩松（現二本松市）の大内定綱《おおうちさだつな》が裏切り、蘆名側に転じた。これを見た政宗は隠居した輝宗とともに、天正十三年五月会津に出陣した。さらに同年閏八月に大内氏の要衝小手森《おでもり》城を攻めてそれを陥落させ、他の諸城も落とした。このため、大内は二本松城に逃れたのであった。政宗はこのために二本松の畠山義継《はたけやまよしつぐ》を攻めた。だがこの戦いは、伊達が厳しい条件を飲ませて畠山との間で講和となったのである。講和を斡旋したのは輝宗と、晴宗の弟伊達実元であった。義継は講和の御礼として十月八日に輝宗がいた安達郡宮森城（現二本松市）を訪れた。事件はこのときに起こった。

義継は御礼を終えて退出しようとしたときに、突然輝宗を捕えて人質とし、二本松城を目指したのであった。そして、阿武隈《あぶくま》河畔の粟の須（高田原ともいう、現二本松市）まで来たとき、輝宗は義継とともに伊達の鉄砲で撃ち殺されたのであった。この殺害されるときの状況がどうも明確ではない。伊達家が作成した『伊達治家記録』によれば、このとき、「早く義継を撃ち殺せ、自分を顧みて家の恥を残すな」と、輝宗は叫んで義継とともに殺されたといい、政宗は鷹狩りに出かけていて留守であったとされている。現場に居合わせた伊達成実《しげざね》が後年に書いた「成実記」には、輝宗の叫びは書かれておらず、政宗はいなかったとされている（『治家記録』は「成実記」によっている部分が多い）。ただ、のちの「会津旧事雑考」や「仙道記」ほかでは、政宗はその場におり、政宗が撃とうとしたとき、義継が輝宗を殺害したとか、政宗が命令して二人を撃ち殺したとか記述されている。さらにこの事件は政宗が仕組んだものではないかとの説も存在している。小林氏は「この（政宗が仕組んだものとする）説が事実を伝えるものかと考えるが、断定は保留する」としている（『戦国大名伊達氏の研究』）。「輝宗の叫び」などを記した『治家記録』にはどうも虚飾がありそうである。権威ある藩祖政宗の「親殺し」などはふれたくないと推測することも可能だからである。しかし、晩年の政宗はこの件にたいして、畠山義継が輝宗を刀で刺したと述べている（小井川百合子編『伊達政宗言行録』）。

家督を継いで一年、この衝撃的な事件は独眼龍政宗の劇的なデビューの場であったといえる。政宗が輝宗殺害に関わったかどうかは断定できないが、この事件は伊達氏内部で長年にわたって続いてきた二頭政治・二重権力・父子相克の最後の結末であったともいえる。これ以後、政宗は会津の蘆名氏を滅ぼして、奥羽の最有力の戦国大名となり、様々な紆余曲折がありながらも「豊臣の世」を生き延び、仙台藩祖となって君臨するのである。

自己認識と系図――エピローグ

伊達一族の自己認識の形成

鎌倉期から戦国初期までの伊達一族の歴史を追ってきたのであるが、その歴史の中で伊達系図が大きな意味を持っていたことを見てきた。そして鎌倉・南北朝時代あたりの記述については疑問符を付けることが多かった。たとえば歴代の当主に「宗」という通字を使用することは、確実な史料から見れば室町時代以後のことであり、鎌倉時代などは、「長」を通字としていたということを指摘した。次男が「次郎」と称して家督を継ぐなどという点も同様である。これらのことは戦国期ころの伊達氏の自己認識であって、これによって鎌倉時代までさかのぼって、鎌倉時代の実名《じつみょう》も「宗」を通字とするものに変えられたのである。この通字の変化は、伊達氏内部で惣領が交替したことによるであろうと推測した。

このような自己認識は、系図や家譜によって示される。その伊達氏の自己認識の最高峰が、自分の家の正統性をつづった『伊達正統世次考《だてせいとうせじこう》』であるといえる。この『世次考』が作られる作業の基礎の一つになっていたのが、戦国末期ころに作成された伊達氏に関わる系図類である。その系図類は、室町中期ころに流布していた伊達氏の祖先認識から出てきたものである。そしてその祖先認識は、伊達氏が京都政界と交流する中で生まれた。「田舎大名」でなく、れっきとした権威ある名族の出自であるとの貴種意識によっていた。なぜ貴種意識が形成されたかといえば、西国の有力守護大内氏らに匹敵する名族であること、家柄がよいこと等を吹聴し、有力公家・守護層と交流し、「奥羽《おうう》大名」として、奥州探題《おうしゅうたんだい》へ補任《ぶにん》されることを狙っていたからである。事実、その後に陸奥《むつ》国守護や探題に補任されているのである。そして奥州探題等になるためには、奥州支配の正統性を示すことも重要であった。

さてここでは、伊達氏がどのように自己認識を作り出していったかを見ることとする。系図が作られる初期においては「祖先神話」から自己認識がなされていったのであろうが、次第に事実関係を取り込んだものになっていったと推定される。しかし、戦国期に認識されていた伊達氏の正統性に疑問符が付くようなことは無視され、正統性を補完する伝聞・伝承等が駆使されて『世次考』等の系図が形成されていったのであろうと思われる。最後にこれらの点にふれておきたい。

山陰中将（中納言）と伊達秀平

伊達持宗《もちむね》が上洛した前後の洛中において、奥州伊達についての「説話」が語られているが、そこには中世の伊達一族を見るうえで興味深いことが述べられている。以下の史料は漢文で書かれたものであるが、現代文に訳している。

瑞渓周鳳《ずいけいしゅうほう》の『臥雲日件録抜尤《がうんにっけんろくばつゆう》』長禄二年（一四五八）八月十五日条に、「三条坊門正《しょう》受院《じゅいん》の坊主が来た。そこで出羽《でわ》・奥州のことについて話し合った。正受院が言うことには、昔、頼朝が自ら軍兵を率いて奥州秀平を討った。弟九郎判官《ほうがん》（義経）を殺した罪によってである。そのときに山陰中将《やまかげちゅうじょう》は上総《かずさ》国に流されていたが、頼朝軍中に加わり、麾下《きか》七十余騎と密かに敵陣に入り、ついに敵将を殺害した。頼朝はその地を軍功として賞した。これが今の伊達であり、その後裔である」と記されている。

また同じく寛正五年（一四六四）四月十五日条には、「姉小路《あねがこうじ》聖寿院《しょうじゅいん》の坊主が尋ねて来た。対面し、話が奥州伊達のことに及んだ。この聖寿院の一族は伊達の庶子であったが、惣領のために滅ぼされたという。陸奥は三十六郡あるが、昔奥州一国、所領三千騎の領主は七人で、伊達がその中で一番である。今伊達は七千騎で、伊達は山陰中将の子孫である。中将はこの地に流されていた。（中略）鎌倉の頼朝に弟九郎判官についての讒言《ざんげん》があったことにより、不和となった。そこで判官は伊達秀平を憑《たの》み、奥州に至ったが、ついに殺害された。その後頼朝は伊達秀平を討った。このとき、山陰中将一族七、八十人が同心して、夜中に密かに城に入り、敵を殺害した。この勲功により、その地三十六郡を得、以来鎌倉に属している」としており、この後に大膳大夫《だいぜんのだいぶ》政宗《まさむね》が鎌倉府に反旗を翻したこと、伊達氏の支配地の寺庵や東昌寺《とうしょうじ》等に話が及んでいる。

以上が、伊達持宗の時代、伊達一族の僧侶が述べた伊達氏の系譜である。そこには伊達氏初代朝宗《ともむね》も二代宗村《むねむら》も出てこない。伊達秀平と山陰中将のことだけである。すなわち、伊達秀平の跡を継いだのは山陰中将であり、その山陰は今の伊達氏であるというのである。伊達秀平はもちろん藤原秀衡《ふじわらのひでひら》のことである。山陰中将は伊達氏の初代を指しているのであろう。「山陰中将が一族七、八十人と、夜中に密かに城に入り、敵を殺害した」という話は、伊達一族が石那坂《いしな》の合戦で立てた手柄のことをいっているのであろう。この認識は『吾妻鏡《あづまかがみ》』の記述だけでなく、のちに作られた近世の伊達氏の正規の家譜ともまったく異なっている。この段階では平泉政権と自らを関わらせながら、物語として、伝承として語り伝えられてきたのである。当時における伊達氏の祖先認識は朝宗も宗村もいなくても、平泉政権につながる奥州支配の正統性を認識できれば、この程度でよかったのであろう。

遣欧使節の記録

十五世紀中ごろのこの伊達の祖先認識は「異様」なものかといえばそ

うでもない。十七世紀初頭、仙台藩が開かれたころにも存在している。

それは小林清治氏が引用して注目された『伊達政宗遣欧使節記』（シピオネ・アマティ・ローマーノの著述）の中に見られる。これは一六一五年、ローマ市内において書かれたものであるが、遣使支倉常長《はせくらつねなが》から得た知識をもとに書かれたものとされており、ローマーノは藩祖政宗にも会っているという。その日本語訳が『仙台市史』特別編8に収められている。この『使節記』の表紙に「日本奥州国王の歴史、その国王伊達政宗の家系の古さと高貴さ」等が記されているが、以下の文は二章において述べられている。

ローマーノの著述の概略は次のようなものである。「奥州王国は広いのでダイレ（内裏すなわち天皇）に任命された多数の副王がいた。その副王の一人が秀衡で、奥州王になったのは、十世紀半ばのことであった。秀衡の一族はダイレの親族・末裔だけでなく、近衛殿《このえどの》という由緒のある公家の家柄の出である領主であった。他の副王たちが謀反を起こしたが、秀衡は勝利して奥州全体の王となった。

二十二年が過ぎたころ、また謀反人（平一族のこと）が出た。その謀反人を滅ぼした頼朝が皇帝（将軍）に任命された。皇帝頼朝に弟の牛若殿（義経）がいた。奥州王（秀衡）は義経を養い子としていたので、使節を遣わしたりして頼朝との友好関係を築きたいと考えていた。その後王は老齢となり、死期を悟ったので嫡子や庶子たちに牛若殿とよき間柄を保ち、実の兄弟のようにするようにと言い残して亡くなった。嫡子の兄弟は、初めは仲良く牛若を養っていたが、やがて牛若殿を殺してしまった。その後頼朝はしばらくして口実を設けて、不意に彼らを襲い殺害してしまった。

頼朝の死後、都において公家の長者である近衛殿が兄弟らの死を知り、同じ血筋（藤原氏）の者が強大な奥州国の保護権を失わないように、奥州国内の寺領や家臣を、同じ血筋の別の兄弟の山陰中将に与えるよう朝廷に懇願した。そして山陰はすぐに奥州国に向かい、家臣や領地の収入を確保すると、かつて兄弟にしたがっていた代官・武将らに慈悲を与え、軍事力を強化したことにより、国内の大半を回復した。（中略）この家（山陰）の君（奥州王）が、この地方を領有して三百年を経る間に、国が分かれて大部分を失ってしまった。そのときの領主は父親の不甲斐なさに腹を立てて、領地の回復の策をめぐらした。そして父親の子供であるということを恥て、家名と紋章を改め、優美・猛勇を示す伊達という家名にした。この家の国王伊達政宗は戦国の世でもっとも度量の大きい人物として大いに畏敬されている」といい、伊達に改名した経緯を語っているのである。ここでも、朝宗らは現れず、山陰中将の活躍が示され、平泉藤原氏との縁、さらには室町の「祖先の説話」には登場しなかった近衛氏との関わりが説かれているのである。

山陰神話の成立と意味

十五世紀中ごろといえば、伊達持宗の時代である。幕府とも強い絆で結ばれており、上洛もしている。そのような中、近世の系図では系譜上まったく関係がないと見なされている平泉藤原氏と伊達氏との強い関係が伝承として語られているのである。そこには初代朝宗、二代宗村らはまったく登場しない。彼らは伝承の世界では存在していなかったのである。この時期、彼らの実名は伊達一族内でも知られていなかったとしか言いようがないのである。十五世紀の中ごろまでに、伊達家は山陰中将（中納言）の末裔であるという「祖先神話」が作られた。天皇家が天照大神を始祖としているという神話と同じである。

小林清治氏は『臥雲日件録』や『伊達政宗遣欧使節記』に見られるような伝承の特徴は、全体として奥州平泉権力にたいする藤原の姓をともにする伊達権力の継承関係と、伊達の祖を山陰中将とすることにあるとしている。そして十五世紀中ごろまでに、文治合戦（奥州合戦）の結果誕生した伊達氏の初代は、「山陰中将政朝《まさとも》」の子または子孫、あるいは「山陰中将政朝」自身とする伝承が成立し、山陰その人を初代とする伝えが主流を占めていたのではないかという（「伊達氏と奥州探題職」『福大史学』一八）。なお、「政朝」はすでに述べたように、『世次考』以前の伊達藩の系図に朝宗の父親として記載されている。

この上記の二つの「伊達神話」史料の意味するところは、王朝時代の平泉政権による奥州支配を、伊達氏が継承したという正統性を示すものである。小林氏は伊達藩の藩祖政宗が強烈な奥州王の意識を持っていたとし、それは伊達氏が奥州探題に補任されたというだけではなく、「始祖山陰中将」までさかのぼる奥州支配の正統性によるものであると指摘されている（「伊達政宗の奥州王意識」『伝記の魅力』）。

このような見解を支持する研究者は多い。入間田宣夫氏らはさらにこの見解を発展させて研究を深化させている。入間田氏によれば古浄瑠璃《こじょうるり》や幸若舞《こうわかまい》の中に「伊達泰衡《やすひら》」の伝承が見られ、津軽家の古い系譜の中にも平泉四代目は「伊達次郎泰衡」となっているという。平泉→伊達という伝承が成立し、広く流布していたということを指摘されているが、『遣欧使節記』内の山陰中将が近衛殿の一族であると書かれている意味合いを次のように指摘している（『平泉と仙台藩』）。伊達氏が頼朝ではなく近衛殿との間柄を強調するのは、その間柄をアピールする必要があったからであり、新たなアイデンティティーの確立の必要に迫られたからであるという。このような近衛氏との関係の強調は政宗の曽祖父稙宗のあたりからであったという。伊達氏の伝承に関する入間田氏の指摘は的確である。

伊達系図の出現

伝承を体系立てて編纂したとも思われる伊達家の系図が出現するのは、十六世紀中ごろからである。主要な系図についてはすでに本書中に掲載してある。その中でも特に注目したいのが藩祖独眼龍政宗時代、天正末ころに原形が成立したものと推定され、政宗も確認しているとされる「当家系図」（前掲（C）系図）である。その包紙には「貞山（政宗）公御代御仕立て遊ばされ候御系図」（当家系図）とあって、以下のように記載されている。

文治四年戊申秀衡六十而逝去、閏四月晦日
義経滅亡、同七月十九日頼朝京入、十月廿五日
鎌倉還御、文治五年己酉七月十九日将軍
頼朝奥州発向、其勢廿八万四千騎、是ハ秀衡
入道子孫誅罰のため也、八月十日秀衡嫡男
西城戸太郎国衡誅せらる、九月三日同次男泰衡
誅せらる、十月廿日頼朝鎌倉帰着

一代　文治五年己酉山陰中納言政朝の御子朝宗
始めて伊達郡御下向以来、当家代々年譜

二代　中村常陸入道宗村、法名念西、号満勝寺殿
後室願善禅尼、建立光明寺、康元々年
丙辰十月二日逝去

（三代以下略）

系図の前文は『吾妻鏡』によっており、この系図になるとさすがに「伊達秀平」なる認識は消えて、事実関係を踏まえたものとなっている。また平泉権力が山陰を通して伊達につながっているという認識は「公的」にはなくなっている。だが、山陰中納言政朝の子朝宗が伊達郡に下向《げこう》してきて以来の代々の年譜として、初代を朝宗としている。このように伊達家の権威ある家譜として、室町時代には見られない系図が出現してきているのである。このような系図が現れてきたのは、何らかの必要があったからであろう。

ここで注意しなければならないのは、山陰中納言は初代の朝宗の父親であり、その名は政朝であるということである。山陰は既述のように九世紀の人物であり、「政朝」も架空の人間である。初代の親に架空の、三百年も前の人物を配置しているのである。そして初めて念西《ねんさい》が登場してくる。その念西を宗村としているのが『世次考』等と異なっている。なお、朝宗も宗村も鎌倉時代の史料には存在していない人物である。ところで、文明十四年（一四八二）に作成されたと伝えられる「伊達成宗《しげむね》家伝秘書」なるものがある。そこに「従三位中納言山蔭卿苗裔」と、自身のことを位置付けている。この史料の評価は確定していないが、中世末期の写本であるとされている。ここには「政朝」は見えていない。「政朝」の名がいつから登場してきたか不明である。

天文年間（一五三二〜五五）に作成されたとされる〈作成は天正年間〈一五七三〜九二〉

ではないかとの説がある）「伊佐早系図」（前掲（A）系図）の前文には「伊達祖先山陰中納言政朝の子□（孫）宗村公、文治五年初て伊達え下着以来、当家代々系図」とある。第一代は宗村とし、法名は念西としている。朝宗の名はない。戦国末期の同じころに作成されたとすれば、初代朝宗はまだまだ多くの者に「承認」を得られていなかったのであろう。

この「伊佐早系図」になると十五世紀中ごろの伝承よりも、事実関係を踏まえた系譜となってきているが、まだ伝承の色も残っているといえる。寛永十八年（一六四一）に作られた『寛永諸家系図伝』（前掲（D）系図）になると、「政朝」は消えて、「山陰」も系図の九世紀段階に入れられている。ただ、念西はここでも二代宗村の法名とされている。そして『世次考』で念西は朝宗の法名であると断定されて伊達氏の最終的な系図が確立するのである。

伝承の形成と系図の形成

伊達氏の成立と山陰中将、伊達の平泉政権の継承に関わる伝承は、小林清治氏によれば前述したように、十五世紀中ごろには成立していたとされている。このころは伊達持宗、成宗《しげむね》の時代である。伊達氏が平泉権力を継承しているというような伝承（伊達神話）を作らなければならなかった理由は何か。それは、奥羽の領地拡大とも関わってくるが、上洛し、公家や将軍家を取り巻く上流武士層との交流をおいては考えられない。

『尊卑分脈《そんぴぶんみゃく》』という系図にも載せられていないような「田舎大名」が権威を得るためには、血統のよさ、「貴種」であることを示す必要があったのである。そこで引き出してきたのが山陰中将の後胤、貴種近衛と同族という伝承である。鎌倉時代に庶流であった室町時代の伊達家には、鎌倉時代に関する誇るべきものは何もなかった。そのため勢力を拡大した伊達一族は誇るべき「貴種」伝承を作り上げていったものと考えられる。十六世紀にいたれば、伊達稙宗《たねむね》は近衛家と積極的に交流を行なう。近衛稙家《たねいえ》の花押と類似した花押、同一の花押を使用したりしている。この点は小林清治氏や大石直正氏の研究に詳しい。

伊達一族が京都への憧憬の念が強かったと梁川《やながわ》の都市づくりの項で述べたが、それは祖先認識という観念の世界でも起きていた。観念だけでなく、現実の世界も「貴種」と見なされることが必要であった。それは奥州探題に補任されることを稙宗が強く希望していたからである。ところが、落ちぶれたとはいえ、大崎氏が奥州探題として任じられていた。たしかに大崎氏は弱体化し、伊達氏の保護を受けるような状況であった。成宗は上洛して莫大な財宝をばらまいたが、これは奥州探題に補任されるための工作であったとされている。しかし結局失敗した。のちに稙宗は守護に補任されるが満足しなかった。「伊達秀平」伝承では通用しない公家世界であった。他家の室町大名や公家と同様に由緒ある系図が必要とされていた。十六世紀の現実の政治世界が「神話」ではなく、「貴種」の流れを汲む、もっともらしい系図を必要としていたのである。

探題補任には血統問題もあったと思われる。大崎氏はれっきとした足利一族の斯波《しば》氏の流れを汲んでいる「貴種」であり、系譜も分からない伊達氏とは中世社会では格の違う存在であった。伊達氏が伝承だけでなく、「貴種」の系譜を何とか作り、「貴種」に見合った、それなりの地位を得たいと思うのは自然ではなかろうか。伊達氏は十五世紀後半以降、「貴種」の系譜作りに奔走したのではなかろうか。伝承の中にある山陰中将を『尊卑分脈』の中にある中納言山陰と見なし、好都合なことに、中納言山陰の五代後に常陸介実宗《ひたちのすけさねむね》が存在していることより、常陸国と関係を持っていると考えて、その流れの末の朝宗に結び付ける作業がなされたと思われる。その末端の朝宗に自らの系譜を位置付けたと推定される。このようなことは十五世紀後半から、十六世紀にかけて行なわれたのであろう。戦国末期にできあがってくる伊達系図はそのような意図を持つものではなかろうか。羽下徳彦氏は「始祖を山陰中納言とする系譜は十五世紀末ころに、初代を朝宗とする系譜は十六世紀に成立していたかもしれない」(『仙台市史』通史編2)と述べている。

伊達氏の家譜は伊達綱村《つなむら》が心血を注いだ『世次考』によってそれが完成した。藩主伊達氏の正系が確定したことにより、伊達氏と平泉藤原氏に関わる伝承は消えていった。藤原氏や近衛殿との関わりが消えていったのは徳川幕府の傘下に入ったことにより、伊達家の立ち位置が変わったので、伊達氏によって系譜認識の大転換がなされたことが理由であるといっているのは、入間田宣夫氏である（『平泉と仙台藩』）。

ここに大織冠《たいしょくかん》藤原鎌足から藩祖政宗に至るきれいな系図が作られた。その系図は鎌倉時代の実名にも、のちに通字となる「宗」を配したもので、「義広《よしひろ》」「政依《まさより》（頼）」以外は、すべて「宗」が入った実名となっている。「義広」も古系図の中には「宗広」としているものもある。また、「次郎」が鎌倉以来惣領家の当主となったとの『世次考』の主張も、鎌倉時代には第二代為重《ためしげ》以外は分からない。

近世前半に策定された『伊達正統世次考』の記述は、鎌倉府に反抗した大膳大夫政宗以降は、評価される点が多いが、それ以前は再検討を要する事項も多い。とはいえ、現在でも伊達一族の系譜を語るうえできわめて重要なものとなっている。

あとがき

福島の原発の爆発の後、福島県文化財保護審議委員として県内をまわった私はそのあまりにもひどい状況に大きなショックを受け、以後何年か心の落ち込みが激しくて鬱となり、多くの研究者から著書や論文をいただきながら、その返事も書けないような状況に陥ってしまい、多くの人に大変な失礼をしてしまいました。また、福島大学を退職した後に勤めた都内にある私立大学が「とんでもない大学」であったことも鬱の要因の一つで、この大学は、大学基準協会による「第三者評価」に合格しないような大学でした。

ですがここ数年、県内の各地から講演の依頼を受けたりして南奥羽の歴史を再度考えるようになり、少し何かを書けるようになってきました。そして、福島県内で活躍していたころの伊達氏について考えようとしたのが本書であります。本書は福島県内での伊達氏に関わるいくつかの講演をまとめ、それに手入れしてなしたものであります。講演の折、私の拙い話を聴いていただき、その後に様々なご教示をしていただいたことに感謝いたします。

福島県内をまわっていると、故小林清治氏がいかに県内の歴史の究明や文化財等の保護に大きな力をそそいでいたか認識させられました。本書も小林氏が関わる自治体史の編纂や、著書・論文がなかったならば書けなかったといえます。泉下の氏に御礼を申し上げます。もしかしたら「伊藤君、暴論ではないか」といっているかもしれませんが、お許しください。本書の中で羽下徳彦氏の論文等を「好き勝手」に使用させていただきました。羽下氏は伊達氏の古系図について、「伝えることは正しいかもしれないし、惣領家の交替のような劇的な要素を含むかも知れない」と述べた後に、しかし「それらは遙かな時の彼方に隠れてしまっている」と、長文の「伊達氏家譜」の研究の最後で述べられています。私は、隠れてしまっている「劇的な要素」や古系図の問題点を洗い出してみようと思ったのが最初の問題意識でした。それゆえ、ガッチリした実証を旨とする羽下氏の論考を、「可能性がある」というような曖昧な事項に多く引用したことを申し訳なく思います。

本書の執筆にあたり、県内の行政機関等に属する文化財保護に関わる方々にお世話になりました。原発の爆発後も、文化財保存や調査発掘等のために日夜励んで、文化財を次世代に伝えようとしています。そのような職務に励んでいる人たちから多くのアドバイスや知識、調査報告書等を頂きました。御礼申し上げます。現在、県内には、故小林清治氏の活動に匹敵するような歴史研究者がいません。私もかなり高齢になりました。私は氏の足下にも及びませんが、晩年に多くの業績を残した小林氏の活動を見習いたいと思っております。

本書の出版にあたり、その労をとられた編集部長の堤崇志氏と矢島初穂氏にお礼を申し上げます。

なお、本書は「コロナの自粛」により、福島の自宅に引きこもり、「コロナ関係」のテレビ番組を毎日見たり、自宅の庭で野菜作りを楽しんだりしていたのですが、庭の樹木等の手入れの合間に、講演の草稿を引き出して、少し伊達氏の歴史を再検討してみようとしてなしたものであります。早く安全・安心な日本になることを願っています。

二〇二〇年十月十五日

伊藤喜良

参考文献

自治体史

『福島県史』1　通史編　一九六八年
『福島県史』7　古代中世資料　一九六六年
『山形県史』資料編15　上巻　古代中世史料1　一九七七年
『会津若松史』1　ひらかれた会津　一九六七年
『桑折町史』1　通史編1　原始・古代・中世・近世（1）　二〇〇二年
『桑折町史』5　資料編2　古代・中世・近世史料　一九八七年
『仙台市史』通史編2　古代中世　二〇〇〇年
『仙台市史』資料編1　一九九五年
『仙台市史』特別編8　慶長遺欧使節　二〇一〇年
『二本松市史』1　通史編1　原始・古代・中世・近世　一九九九年
『福島市史』1　原始・古代・中世　一九七〇年
『梁川町史』1　通史編Ⅰ　自然・原始・古代・中世　一九九六年
『梁川町史』4　自然・考古資料Ⅰ　一九九三年
『梁川町史』5　資料編Ⅱ　古代・中世　一九八五年

『米沢市史』第一巻　原始・古代・中世編　一九九七年

発掘調査報告書

国見町教育委員会編『阿津賀志山防塁保存管理計画報告書』一九九四年
桑折町教育委員会編『下万正寺遺跡試掘調査報告書』（桑折町埋蔵文化財調査報告書8）一九九一年
桑折町教育委員会編『史跡桑折西山城跡範囲内容確認調査報告書』（桑折町埋蔵文化財調査報告書20）二〇〇七年
桑折町教育委員会編『史跡桑折西山城跡発掘調査報告書』第1次調査～第9次調査　二〇〇九～一五年
桑折町教育委員会編『史跡桑折西山城跡発掘調査総括報告書』（桑折町埋蔵文化財調査報告書29）二〇一六年
伊達市教育委員会編『宮脇遺跡　確認調査報告書』（伊達市埋蔵文化財調査報告書第20集）二〇一三年
伊達市教育委員会編『史跡宮脇廃寺跡保存活用計画』二〇一七年
伊達市教育委員会編『梁川城跡総合調査報告書』（伊達市埋蔵文化財調査報告書第30集）二〇一八年
福島市教育委員会・福島市振興公社編『舘ノ山地区上水道配水池築造関連埋蔵文化財包蔵地発掘調査報告　大鳥城跡』（福島市埋蔵文化財報告書第57集）一九九三年
福島市教育委員会・福島市振興公社編『大森城跡・大鳥城跡』2（福島市埋蔵文化財報告書第78集）一九九五年
福島市教育委員会・福島市振興公社・中村ノイ子編『宮代館跡』2（福島市埋蔵文化財報告書第203集）

二〇〇九年
福島市教育委員会・福島市振興公社・中村ノイ子編『宮代館跡』3（福島市埋蔵文化財報告書第222集）二〇一四年
福島市教育委員会・福島市振興公社編「大島城跡発掘調査現地説明会資料」二〇一七年
福島市振興公社「平成29年度　大島城確認調査実績報告」（平成29年度市内遺跡試掘調査業務）二〇一八年
梁川町教育委員会編『梁川城跡』（梁川町文化財調査報告書第2集）一九七五年
梁川町教育委員会編『遺跡　梁川城本丸・庭園』（梁川町文化財調査報告書第6集）一九八六年
梁川町教育委員会編『茶臼山西遺跡・輪王寺跡—梁川町における中世寺院の調査—』（梁川町文化財調査報告書第14集）一九九一年
梁川町教育委員会編『茶臼山北遺跡—梁川城下侍屋敷跡—』（梁川町文化財調査報告書第19集）二〇〇五年

著書・論文等

浅野二郎「梁川の中世遺跡」『梁川町史』1　第6章　一九九六年
阿部浩一「政宗登場までの戦国南奥羽史」南奥羽戦国史研究会編『伊達政宗　戦国から近世へ』岩田書院、二〇二〇年
飯村　均「中世都市・梁川のイメージ」『中世奥羽の考古学』高志書院、二〇一五年

伊藤喜良「国人の連合と角逐の時代」小林清治・大石直正編『中世奥羽の世界』東京大学出版会、一九七八年
伊藤喜良『東国の南北朝動乱―北畠親房と国人―』（歴史文化ライブラリー）吉川弘文館、二〇〇一年
伊藤喜良「南奥の国人一揆と「公方事」」細井計編『東北史を読み直す』吉川弘文館、二〇〇六年
伊藤喜良「会津の「公方」について」『福大史学』八〇　二〇〇九年
入間田宣夫「中世における平泉問題」『宮城歴史科学研究』七　一九七四年
入間田宣夫「鎌倉幕府と奥羽両国」小林清治・大石直正編『中世奥羽の世界』東京大学出版会、一九七八年
入間田宣夫「中世南奥の正統意識―余目氏旧記にみる平泉伝説―」片野達郎編『正統と異端―天皇・天・神―』角川書店、一九九一年
入間田宣夫「中世の松島寺」『宮城の研究』三　一九八三年
入間田宣夫『平泉藤原氏と南奥武士団の成立』歴史春秋社、二〇〇七年
入間田宣夫『平泉と仙台藩』（仙台・江戸学叢書76）大崎八幡宮、二〇一七年
梅宮　茂「梁川の中世文化」『梁川町史』1　第5章　一九九六年
海老名尚・福田豊彦「『田中穣氏旧蔵典藉古文書』「六条八幡宮造営注文」について」『国立歴史民俗博物館研究報告』四五　一九九二年
江田郁夫『室町幕府東国支配の研究』高志書院、二〇〇八年
遠藤　巌「南北朝の動乱」『福島県史』1　第二章　一九六八年

遠藤　巌「奥州管領おぼえ書き」『歴史』三八輯　一九六九年
遠藤　巌「南北朝内乱の中で」小林清治・大石直正編『中世奥羽の世界』東京大学出版会、一九七八年
遠藤ゆり子『戦国時代の南奥羽社会―大崎・伊達・最上氏―』吉川弘文館、二〇一六年
遠藤ゆり子編『伊達氏と戦国争乱』（東北の中世史4）吉川弘文館、二〇一六年
遠藤ゆり子編『戦国大名伊達氏』戎光祥出版、二〇一九年
大石直正「戦国期伊達氏の花押について―伊達稙宗を中心に―」『東北学院大学東北文化研究所紀要』二〇　一九八八年
大槻文彦『伊達行朝勤王事歴』巻一　作並清亮、一九〇〇年
川岡勉（中世後期守護研究会）編『中世後期守護権力の構造に関する比較史料学的研究』二〇二〇年
金子　拓「室町幕府と奥州」柳原敏昭・飯村均編『鎌倉・室町時代の奥州』高志書院、二〇〇二年
菅野崇之「飯坂大鳥城跡―発掘調査成果から―」（発掘調査概要パンフレット）福島市教育委員会・福島市振興公社、二〇一八年
菅野正道「『伊達支族引証記』所収の石田文書」『仙台市博物館調査研究報告』15　一九九五年
菅野正道「伊達家文書の形成過程」㈠『仙台市博物館調査研究報告』二〇　二〇〇〇年
菅野正道「伊達氏、戦国大名へ」遠藤ゆり子編『伊達氏と戦国争乱』（東北の中世史4）吉川弘文館、二〇一六年
小井川百合子編『伊達政宗言行録』新人物往来社、一九九七年
黒嶋　敏「伊達氏由緒と藤原山蔭」『日本歴史』五九四　一九九七年

黒嶋　敏「はるかなる伊達晴宗―同時代史料と近世家譜の懸隔」『青山史学』二〇　二〇〇二年
黒嶋　敏「奥州探題考」『中世の権力と列島』高志書院、二〇一二年
小林清治「伊達氏における家士制の成立」『史学雑誌』六二―八　一九五三年
小林清治『伊達政宗』（人物叢書）吉川弘文館、一九五九年
小林清治「奥州における戦国大名の成立と守護職」『歴史』三四輯　一九六七年
小林清治「東昌寺と陸奥安国寺」『福大史学』一二　一九七一年
小林清治「伊達氏と奥州探題職」『福大史学』一八　一九七四年
小林清治「大名権力の形成」小林清治・大石直正編『中世奥羽の世界』東京大学出版会、一九七八年
小林清治「坂東屋富松と奥州大名」『福大史学』四〇　一九八五年
小林清治「伊達政宗の奥州王意識」日本歴史学会編『伝記の魅力』吉川弘文館、一九八六年
小林清治「坂東屋富松と奥州大名：補考」『福大史学』四四　一九八七年
小林清治「石那坂合戦の時と所」『すぎのめ』24　二〇〇一年
小林清治「塵芥集の世界」『白い国の詩』東北電力、二〇〇三年（『戦国大名伊達氏の研究』に再録）
小林清治「戦国期に於ける大崎氏と伊達氏」大崎シンポジウム実行委員会編『奥州探題大崎氏』大崎シンポジウム実行委員会・高志書院、二〇〇三年
小林清治『伊達政宗の研究』吉川弘文館、二〇〇八年
小林清治『戦国大名伊達氏の研究』高志書院、二〇〇八年
小林　宏『伊達家塵芥集の研究』創文社、一九七〇年

今野賀章「瓦が伝える文化のつながり―半截菊花文軒平瓦の検討から―」『霊山史談』一二　二〇一二年
今野賀章「伊達氏と庭園」『伊達の庭園―その系譜と実態―』（平成27年度伊達市文化講演会）二〇一五年
今野賀章「遺跡からみえる室町・戦国時代の伊達氏」南奥羽戦国史研究会編『伊達政宗　戦国から近世へ』岩田書院、二〇二〇年
斉藤純雄「室町幕府と桑折」『桑折町史』1　第三編第三章　二〇〇二年
斉藤純雄「戦国大名稙宗と桑折」『桑折町史』1　第四章　二〇〇二年
白根靖大編『室町幕府と東北の国人』（東北の中世史3）吉川弘文館、二〇一五年
鈴木　啓「伊達郡における伊達氏の文化」藤木久志・伊藤喜良編『奥羽から中世をみる』吉川弘文館、二〇〇九年
高橋富雄『陸奥伊達一族』新人物往来社、一九八七年（二〇一七年、吉川弘文館より再刊）
寺島文隆「下万正寺遺跡」『桑折町史』1　第三編第一章四節　二〇〇二年
豊田武編『東北の歴史』上巻　吉川弘文館、一九六七年
七海雅人「鎌倉幕府と奥州」柳原敏昭・飯村均編『鎌倉・室町時代の奥州』高志書院、二〇〇二年
七海雅人「御家人の動向と北条勢力の展開」同編『鎌倉幕府と東北』（東北の中世史2）吉川弘文館、二〇一五年
七海雅人「鎌倉幕府の滅亡と東北」同編『鎌倉幕府と東北』（東北の中世史2）吉川弘文館、二〇一五

年
羽下徳彦「伊達・上杉・長尾氏と室町公方―交通文書ノート―」同編『北日本中世史の研究』吉川弘文館、一九九〇年
羽下徳彦「奥州伊達氏の系譜資料について」『市史せんだい』一〇　二〇〇〇年
羽下徳彦「「中村常陸介宗村」の説話を載せる『古今著聞集』の写本二種について」『日本歴史』六二九　二〇〇〇年
羽下徳彦「奥州伊達氏の系譜」『仙台市史』通史編2　二〇〇〇年
羽下徳彦「イタテとタテ」『日本歴史』六三三　二〇〇一年
羽下徳彦「仙台市博物館所蔵の伊達氏古系図四種」『仙台市博物館研究報告』二一　二〇〇一年
羽下徳彦「奥州伊達氏の系譜に関する一考察」『歴史』九六輯　二〇〇一年
藤木久志『戦国社会史論』東京大学出版会、一九七四年
藤原良章・飯村均編『中世の宿と町』高志書院、二〇〇七年
星川礼応「奥州探題と室町幕府」『歴史』一二九　二〇一七年
柳原敏昭「奥州合戦」同編『平泉の光芒』（東北の中世史1）吉川弘文館、二〇一五年
松浦丹次郎『伊達氏誕生』土龍社、一九八七年
渡部正俊「南北朝の争い」『梁川町史』1　第四編第二章　一九七〇年
渡部正俊「中世室町時代の梁川」『梁川町史』1　第三章　一九七〇年
渡辺世祐『関東中心足利時代之研究』雄山閣　一九二六年（一九七一年、新人物往来社より復刊）

著者紹介

一九四四年、長野県に生まれる
一九七四年、東北大学大学院文学研究科博士課程修了
現　在、福島大学名誉教授、文学博士

〔主要著書〕
『日本中世の王権と権威』（思文閣出版、一九九三年）
『中世王権の成立』（青木書店、一九九五年）
『中世国家と東国・奥羽』（校倉書房、一九九九年）
『東国の南北朝動乱』（吉川弘文館、二〇〇一年）
『足利義持』（吉川弘文館、二〇〇八年）

歴史文化ライブラリー
515

伊達一族の中世
「独眼龍」以前

二〇二一年（令和三）一月一日　第一刷発行
二〇二一年（令和三）四月十日　第二刷発行

著　者　伊《い》藤《とう》喜《き》良《よし》
発行者　吉川道郎
発行所　株式会社　吉川弘文館
東京都文京区本郷七丁目二番八号
郵便番号一一三―〇〇三三
電話〇三―三八一三―九一五一〈代表〉
振替口座〇〇一〇〇―五―二四四
http://www.yoshikawa-k.co.jp/
印刷＝株式会社　平文社
製本＝ナショナル製本協同組合
装幀＝清水良洋・高橋奈々

ISBN978-4-642-05915-2

歴史文化ライブラリー
1996.10

刊行のことば

現今の日本および国際社会は、さまざまな面で大変動の時代を迎えておりますが、近づきつつある二十一世紀は人類史の到達点として、物質的な繁栄のみならず文化や自然・社会環境を謳歌できる平和な社会でなければなりません。しかしながら高度成長・技術革新にともなう急激な変貌は「自己本位な刹那主義」の風潮を生みだし、先人が築いてきた歴史や文化に学ぶ余裕もなく、いまだ明るい人類の将来が展望できていないようにも見えます。このような状況を踏まえ、よりよい二十一世紀社会を築くために、人類誕生から現在に至る「人類の遺産・教訓」としてのあらゆる分野の歴史と文化を「歴史文化ライブラリー」として刊行することといたしました。

小社は、安政四年（一八五七）の創業以来、一貫して歴史学を中心とした専門出版社として書籍を刊行しつづけてまいりました。その経験を生かし、学問成果にもとづいた本叢書を刊行し社会的要請に応えて行きたいと考えております。

現代は、マスメディアが発達した高度情報化社会といわれますが、私どもはあくまでも活字を主体とした出版こそ、ものの本質を考える基礎と信じ、本叢書をとおして社会に訴えてまいりたいと思います。これから生まれでる一冊一冊が、それぞれの読者を知的冒険の旅へと誘い、希望に満ちた人類の未来を構築する糧となれば幸いです。

吉川弘文館